EXPEDITION NATUR

Entdecken, forschen & verstehen

BÄRBEL OFTRING

OUTDOOR SURVIVAL

ALLES, WAS DU ZUM ÜBERLEBEN IN DER NATUR BRAUCHST

MIT EXPERIMENTEN, IDEEN & UMWELT-TIPPS

moses.

Hallo, mein Name ist Finn!

Ich liebe das Forschen und Entdecken in der Natur und möchte dich gerne mitnehmen auf meine Expedition. Weißt du, was eine Expedition ist? So nennt man einen Ausflug ins Freie, bei dem man eine Menge Nützliches und Verblüffendes über die Natur erfährt, zum Profi für Pflanzen und Tiere wird und eigene Nachforschungen anstellt.

Lautlos durch den Wald pirschen, mit der bloßen Hand einen Fisch fangen, mit Pfeil und Bogen zielen, einen schützenden Unterschlupf bauen, ohne Feuerzeug ein Feuer machen und die lauernden Gefahren meistern – wenn du das willst, dann komm mit mir in die Natur. Dort kannst du hautnah viele spannende und aufregende Erlebnisse sammeln, die dir ein richtig gutes Gefühl geben. Wie das geht, erfährst du in diesem Buch!

OUTDOOR

Wichtig!

Du hast deine Outdoor-Tour mit deinen Eltern besprochen und ausdrücklich ihre Erlaubnis dazu bekommen. Du machst die Tour auf eigene Gefahr und auf eigene Verantwortung.

Inhalt

Outdoor-Abenteuer vorbereiten ... **5**
- Ideen für Outdoor-Survival-Abenteuer ... 6
- Outdoor-Abenteuer planen ... 8
- Die richtige Ausrüstung ... 10
- Orientierung draußen, auch im Dunkeln ... 12
- Ein bisschen Wetterkunde ... 14
- Ein bisschen Spurenkunde ... 16
- Wichtige Knoten lernen ... 18
- Sich draußen sicher bewegen ... 20

Feuer machen ... **23**
- Das Wichtigste übers Feuermachen ... 24
- Ein Feuer entzünden ohne Streichhölzer ... 26

Nahrung und Wasser finden ... **29**
- Wasser suchen und finden ... 30
- Einen Fisch fangen und zubereiten ... 32
- Schießen mit Pfeil und Bogen ... 34
- Schießen mit Schleudern oder Wurfgeschossen ... 36
- Melken ... 38
- Im Freien kochen ... 40
- Essbare Wildfrüchte und Wildpflanzen ... 42
- Vorräte aufbewahren und vor Wildtieren schützen ... 44

Unterschlupf bauen ... **47**
- Ein Tipi bauen ... 48
- Ein Zelt aus einer Plane bauen ... 50
- Ein Lager bauen ... 52
- Einen Iglu bauen ... 54

Draußen übernachten ... **57**
- Einen Lagerplatz wählen ... 58
- Den besten Platz zum Schlafen finden ... 60
- Den Lagerplatz sauber halten ... 62
- Werkzeuge aus Naturmaterialien selber machen ... 64
- Über Nacht warm bleiben ... 66
- Gute Laune behalten mit Spielen ... 68

Gefahren meistern ... **71**
- Notfall: SOS und Hilfe holen ... 72
- Was tun, wenn du dich verlaufen hast sowie bei Hunger, Durst, Hitze? ... 74
- Was tun, bei plötzlichem Regen, Schnee, Sturm, Dunkelheit oder Gewitter? ... 76
- Gefahren in den Bergen meistern ... 78
- Gefahren am Meer meistern ... 80
- Waldbrand ... 82
- Insekten und andere Krabbeltiere ... 84
- Schlangen und Lurche ... 86
- Fremde Hunde, ausgebüxte Pferde ... 88
- Wilde Wildtiere ... 90
- Gefährliche Pflanzen ... 92
- Erste Hilfe und Heilmittel der Natur ... 94

Outdoor-Abenteuer vorbereiten

Ohne gute Planung und bestmögliche Vorbereitung keine Outdoor-Tour – so einfach lautet deine Überlebensformel. Wenn du deine Tour richtig gut vorbereitest, schützt du dich vor bösen Überraschungen. Nur so kannst du entspannt losziehen – und nur dann macht ein Outdoor-Abenteuer Spaß.

Grundsätzlich gilt für jedes Outdoor-Abenteuer

- ✗ Gehe niemals allein auf Tour!
- ✗ Sag deinen Eltern oder anderen Vertrauenspersonen genau, wo du hingehst, wie deine Tour geplant ist und wann du wieder zurück bist.
- ✗ Zeige deinen Eltern in der Vorbereitungsphase, dass sie sich auf dich verlassen können – zum Beispiel, indem du stets zur verabredeten Zeit nach Hause kommst und alle Termine pünktlich einhältst. Solltest du dich dann einmal nicht zu einem vereinbarten Zeitpunkt melden, wissen deine Eltern, dass du möglicherweise in einer Notsituation bist und können dir zu Hilfe eilen. Bist du nämlich eher unzuverlässig, verkennen deine Eltern möglicherweise die Notfallsituation – dies könnte bei deinem Outdoor-Abenteuer verheerende Folgen haben.
- ✗ Starte nur zu deinem Abenteuer, wenn du gesund und munter bist!

Ein bisschen Schutzengel-Unterstützung kann nicht schaden

Egal, ob du gläubig bist oder nicht: Wenn du deine Schutzengel um Unterstützung für den Tag bittest, hast du viel mehr Vertrauen in dich. Zu einem guten Gefühl verhilft dir auch diese alte Pfadfinderregel: Vollbringe jeden Tag eine gute Tat.

Bedenke!

Die Natur ist kein Spielplatz! Auch in der freien Natur können sich gefährliche Situationen ergeben – meist dann, wenn du deine Kräfte und dein Können überschätzt, die Zeichen der Natur wie etwa Gewitterwolken missachtest oder der Natur respektlos begegnest. Darum kannst du von der Natur viel lernen. Sie zeigt dir, was du kannst, wo du noch üben musst und was du besser anderen überlässt. Du brauchst in der Natur keine Angst zu haben, bedenke nur, dass du wie die Tiere und Pflanzen ein Teil von ihr bist und sie dementsprechend respektieren solltest.

Ideen für Outdoor-Survival-Abenteuer

Wildnis erleben

Lagerfeuer machen, Fische fangen, Pfeil und Bogen bauen, essbare Wildfrüchte kosten, Unterschlupf bauen, draußen übernachten – lockt dich das? Dann nichts wie raus, denn draußen kannst du Spannendes erleben, dich an deine Grenzen herantasten, sie erweitern und dich Herausforderungen stellen, an denen du wächst. Hier lernst du die Balance von Freiheit und Verantwortung, denn du erlebst hautnah, was du durch dein Tun (und Nichttun) bewirkst. So wächst du zu einer verantwortungsbewussten Person heran, die auf respektvolle Weise mit dem herrlichen Leben auf diesem Planeten umgeht.

Es gibt so viele Möglichkeiten, Wildnis bei uns zu erleben. Was hast du schon gemacht?

☐ **eine Nacht im Wald verbracht**

Wann ______________________

Wo ______________________

Wer war dabei ______________________

Besonderes ______________________

☐ **eine Berg- oder Gipfelwanderung gemacht**

Wann ______________________

Wo ______________________

Wer war dabei ______________________

Besonderes ______________________

☐ **eine Wanderung mit Wanderkarte und Kompass durchgeführt**

Wann ______________________

Wo ______________________

Wer war dabei ______________________

Besonderes ______________________

☐ **eine Kanutour auf einem Fluss gemacht**

Wann ______________________

Wo ______________________

Wer war dabei ______________________

Besonderes ______________________

☐ **einen Unterschlupf gebaut**

Wann ______________________

Wo ______________________

Wer war dabei ______________________

Besonderes ______________________

☐ **an einem Survival-Training teilgenommen**

Wann ______________________

Wo ______________________

Wer war dabei ______________________

Besonderes ______________________

Welche Outdoor-Abenteuer möchtest du noch erleben?

Outdoor-Abenteuer planen

Dein Outdoor-Abenteuer planen

Du weißt, wohin deine Outdoor-Tour gehen soll und wer mitmacht? Du weißt auch, ob du wandern, Boot fahren oder nur an einem Ort in der freien Natur sein willst? Und du weißt, wie lange ihr unterwegs sein wollt? Dann kann die Tour losgehen.

Einige Dinge musst du beachten:

- ✗ Bist du fit genug für die gewählte Tour? Kläre das mit deinen Eltern. Wenn nein – wähle UNBEDINGT eine andere Tour.
- ✗ Welche Ausrüstung brauchst du? Dabei hilft dir die Checkliste auf Seite 10.
- ✗ Wie orientierst du dich? Das Beherrschen von Wanderkarte und Kompass ist ein Muss! Denn es gibt viele Gebiete, in denen es kein Internet gibt und du deine Apps nicht nutzen kannst.
- ✗ Welche Wegstrecke schaffe ich in einer Stunde? Auf ebenen, gut ausgebauten Wegen schaffst du ohne Pausen ca. 4 km in der Stunde, mit einem schweren Rucksack nur noch 3 km, auf geröll- und wurzelreichen Wegen noch weniger. Bergauf brauchst du noch mehr Zeit: Für jede 300 Höhenmeter, die du bewältigen musst, solltest du mit einer zusätzlichen Gehstunde berechnen.
- ✗ Plane von vornherein einen zweiten kürzeren Weg ein, den du notfalls nehmen kannst.
- ✗ Kläre genau, wo du übernachten kannst – und immer aktuell: Gibt es den Übernachtungsplatz noch? Ist er geöffnet?

Für die erste Tour:

Starte an einem warmen, sonnigen Tag – ist Regen angekündigt, verschiebe die Tour auf einen späteren Termin. Denn schlechtes Wetter stresst – und auf deiner ersten Outdoor-Tour solltest du die bestmöglichen Bedingungen haben, damit du deine ganze Kraft auf das vor dir liegende Abenteuer richten kannst.

Ein paar wichtige Regeln fürs Outdoor-Abenteuer

Selbst wenn du noch so begeistert unterwegs bist, solltest du stets ein paar Spielregeln beachten:

1. Bewege dich achtsam durch die Natur und zerstöre keine Nester, Spinnennetze oder Blumen.
2. Scheuche keine Tiere auf! Nimm Rücksicht!
3. Störe auch keine Tiere im Schlaf oder bei der Brut und Aufzucht von Jungen.
4. Fass keine wilden Tiere an, besonders keine fremden Hunde und Jungtiere.
5. Hinterlasse draußen keinen Abfall, Müll gehört in den Abfalleimer. Alles, was du mitgebracht hast, nimmst du wieder mit nach Hause – auch Bonbonpapier und Kaugummi.
6. Fass keinen Tierkot und keinen Kadaver an.
7. Iss keine Früchte, die du nicht wirklich kennst.
8. Entzünde in der freien Natur nur an vorgesehenen Plätzen ein Feuer, niemals im Wald. Lösche es gründlich, wenn du weiterziehst.
9. Nimm auch Rücksicht auf andere Menschen, die wie du die Natur genießen wollen.
10. Sei dir bewusst, dass du für alles, was du tust – und was du nicht tust – die volle Verantwortung trägst!

FINNs TIPP!

Wenn du wieder zu Hause bist:

Notiere, was gut und was schlecht war. Schreibe auch Verbesserungsideen auf und das, woran du bei der nächsten Tour denken musst (zum Beispiel: „mehr Müllbeutel mitnehmen" oder „vorher Palstek üben"). Das ist schon die erste Vorbereitung für dein nächstes Outdoor-Abenteuer.

Die richtige Ausrüstung

Welche Ausrüstung du brauchst, hängt stark von Jahreszeit, Ort und Dauer ab: Im Winter benötigst du ganz andere Kleidung als im Sommer, eine Wanderung in den Bergen verlangt andere Dinge als eine Bootsfahrt auf dem Fluss – und es macht auch einen Unterschied, ob du nur einen Tag unterwegs bist oder eine ganze Woche. Die Checkliste kann dir deshalb nur einen groben Überblick darüber geben, was du brauchen könntest. Erstelle für jede Tour eine eigene Ausrüstungsliste.

Checkliste fürs Abenteuer

Das brauchst du für deine Outdoor-Touren:

- ☐ Rucksack
- ☐ Adress- und Telefonliste
- ☐ Outdoor-Abenteuerbuch für eigene Eintragungen
- ☐ Wanderkarte
- ☐ Kompass
- ☐ Notfall-Tasche (siehe Seite 11)
- ☐ Seil
- ☐ Taschenlampe oder Stirnlampe, Batterien
- ☐ kleinen Spiegel
- ☐ Sonnenbrille
- ☐ Uhr
- ☐ Erste-Hilfe-Set (siehe Seite 95)
- ☐ Impfpass
- ☐ ausreichend Trinkwasser in Trinkflasche
- ☐ Entkeimungstabletten zum Desinfizieren von Wasser (aus der Apotheke)
- ☐ Stofftaschentuch zum Wasser filtern
- ☐ Essen für unterwegs (z.B. Vollkornbrote, Obst oder Fruchtschnitten)
- ☐ Teller, Essbesteck, Becher
- ☐ Küchensachen (siehe Seite 41)
- ☐ Müllbeutel
- ☐ wetterfeste Jacke
- ☐ Mütze oder Sonnenhut
- ☐ Pullover, warmes Fleece
- ☐ T-Shirts
- ☐ wetterfeste, robuste Hose
- ☐ Unterwäsche
- ☐ Strümpfe, Socken
- ☐ wetterfeste, robuste Schuhe (Trekkingschuhe, Wanderstiefel)
- ☐ Gummistiefel
- ☐ Plane
- ☐ Isomatte
- ☐ Schlafsack, Rettungsdecke (siehe Seite 11
- ☐ Handtuch
- ☐ Kamm, Bürste
- ☐ Seife, Shampoo (biologisch abbaubar)
- ☐ Zahnbürste, Zahnpasta
- ☐ Taschentücher, Klopapier
- ☐ Sonnenschutzcreme
- ☐ evtl. Mückenschutzspray
- ☐ Im Sommer: Badesachen
- ☐ Im Winter: Schneeanzug, Schal und Handschuhe

Tipps zum Packen

Im Rucksack kommt Schweres innen nah an den Rücken, Leichtes nach außen, vorne und oberhalb der Schultern. Wenn du dann alles in den Rucksack gepackt hast (volle Trinkflasche nicht vergessen!), setze ihn vollgepackt auf und mache einen Spaziergang von 15–30 Minuten. Na? Wie geht es deinen Schultern? Wenn du den Rucksack mit Leichtigkeit getragen hast, dann ist alles okay. Wenn du Mühe beim Schleppen hattest, packe alles aus und trenne dich von Unnötigem. Müssen es denn zum Beispiel fünf T-Shirts sein? Reicht nicht vielleicht auch eine Miniflasche Shampoo?

Ein Outdoor-Spruch besagt: „Etliche Dinge sind notwendig, manche furchtbar notwendig und andere absolut lebensnotwendig. Wenn du von der letzten Kategorie die Hälfte mitnimmst, so reicht das vollkommen."

FINNs TIPP!

Notfall-Tasche (griffbereit in wasserdichtem Beutel):

Multifunktions-Taschenmesser, Handy (wasserdicht verpackt), Draht, Streichhölzer oder Feuerzeug, Trillerpfeife, Kleingeld, Bleistift und Notizblock, Pflaster, Desinfektionsmittel, Tape, sterile Mullbinde, Dreiecktuch aus Erste-Hilfe-Paket, Bachblüten-Notfallbonbons, Traubenzucker, Müsliriegel

Ein Muss fürs Abenteuer: die Rettungsdecke

Eine Rettungsdecke ist eine Folie mit einer silbernen und einer goldenen Seite. Die silberne Seite hält deine Körperwärme unter der Decke, die goldene wird von Rettern im Notfall gut gesehen. Obwohl die Rettungsdecke so dünn ist, hält dich die silberne Schicht prima warm: Dazu hüllst du dich komplett in die Decke ein, sodass nur noch dein Gesicht frei bleibt. Unter der Rettungsdecke trägst du deine Kleidung und liegst im Schlafsack. Achte darauf, dass du die Decke auch gut unter deine Schlafunterlage klemmst. Durch Verknoten und Verkleben sollte die Rettungsdecke möglichst dicht geschlossen werden und nicht im Wind flattern.

Wichtig!

Wasser kühlt, besonders bei Wind. Drum halte dich und deine Ausrüstung stets trocken!

Die Rettungsdecke schützt dich auch vor Hitze: Dazu drehst du sie so um, dass die silberne Seite nach außen zeigt und spannst sie wie ein Sonnensegel auf – auch über deinem mittäglichen Rastplatz oder deinem Zelt. Kühlen tut sie aber nicht.

Orientierung draußen, auch im Dunkeln

So orientierst du dich draußen

In deinem Heimatort weißt du immer genau, wo du bist. Und dank der Straßenschilder und Wegweiser kannst du dich auch in fremden Städten leicht orientieren. In der freien Natur ist das nicht so: Obwohl viele Wanderwege markiert sind, brauchst du mindestens eine Karte, um die bunten Wegmarkierungen zu verstehen – manchmal auch einen Kompass.

Orientieren mit GPS

GPS – das klingt cool, viel cooler als Kompass und Karte. Man gibt das Ziel in das Gerät ein – und schwupps führt es auf dem schnellsten Weg zum Ziel. Dazu braucht man kein Auto, denn im Handel gibt es auch handliche Navigationsgeräte für den Rucksack. Möchtest du dich auf diese moderne Weise auf deiner Outdoor-Tour leiten lassen, dann übe das Hantieren und Navigieren mit dem Gerät schon vorher, zum Beispiel im nahe gelegenen Wald (auch auf unbekannten Wegen!).

So toll GPS-Geräte auch sind, Karte und Kompass können sie keinesfalls ersetzen: Leistungsfähige GPS-Geräte brauchen Unmengen an Strom – und den hast du bei längeren Outdoor-Touren nicht. Prüfe daher, wie lange der Akku deines Geräts hält. Zudem gibt es auch immer noch weiße Flecken, die deinem GPS-Gerät vielleicht unbekannt sind: Dann weist das Gerät mit einem Pfeil zwar in die richtige Richtung, draußen hilft dir das aber nicht immer. Darum gilt: Trotz GPS musst du dich mit Wanderkarte, Kompass und Co. auskennen, wenn du sicher deinen Weg finden willst!

Orientieren mit Karte und Kompass

Für Outdoor-Touren eignen sich am besten topografische Karten mit einem Maßstab von 1 : 25.000 oder 1 : 50.000. Bei diesen Maßstäben entspricht 1 cm auf der Karte 25.000 (bzw. 50.000) cm in der Natur. Das sind 250 bzw. 500 m. Auf diesen Karten siehst du nicht nur Wege und Straßen, sondern auch den Bewuchs (Wald, Wiese etc.), Flüsse, Bäche, Seen und manchmal sogar einzelne Häuser. Ob das Gelände flach, hügelig oder gar bergig ist, erkennst du an den Höhenlinien. Je enger sie beisammen liegen, umso steiler ist es.

Der Kompass zeigt dir bei uns stets verlässlich, wo Norden liegt – auch bei Nebel, Sturm oder Gewitter. Je näher du dem Nordpol kommst, umso ungenauer ist ein Kompass. Er zeigt nämlich den magnetischen Nordpol an. Der liegt zwar im Norden, aber nicht exakt auf dem geografischen Nordpol.

So gehst du mit dem Kompass um:

- ✗ Leg den Kompass auf den flachen Boden und warte, bis die Nadel still steht. Dann zeigt die dunkel oder farbig markierte Nadelspitze nach Norden.
- ✗ Nun legst du die Karte so neben den Kompass, dass der Norden der Karte (= oben) auch nach Norden zeigt.
- ✗ Nun zeichnest du deinen Standort auf der Karte ein und weißt, welchen Weg du nehmen musst.

Wichtig!
Auf jeder Karte ist Norden immer oben, Süden unten.

Orientieren anhand der Sterne

In klaren Nächten kannst du dich bei uns auch anhand der Sterne orientieren. Halte Ausschau nach dem Großen Wagen, der zum Sternbild Großer Bär gehört. Wenn du die gedachte Linie zwischen den beiden hinteren Kastensternen fünfmal verlängerst, triffst du auf einen mittelhellen Stern: Das ist der Polarstern, der das ganze Jahr über ziemlich genau im Norden steht.

Orientieren in der Natur

Auch Bäume helfen dir, die Himmelsrichtungen zu finden: Bei uns kommt der Regen meist aus westlicher bis nordwestlicher Richtung. Daher wachsen auf Baumstämmen und Wurzeln in dieser Richtung häufig Moose.

Liegt Schnee, so bildet er meist im Nordwesten von Bäumen und Felsen einen Keil. Hat es nur wenig geschneit, so ist der Boden im Südosten von Bäumen und Sträuchern häufig schneefrei oder schneeärmer.

Wichtig!
Übe das Orientieren draußen mit Karte und Kompass bei kleinen Touren so lange, bis du es sicher beherrschst!

Ein bisschen Wetterkunde

Vom herrschenden und kommenden Wetter hängt nicht nur ab, welche Ausrüstung du für deine Outdoor-Tour brauchst, sondern auch wie viel Freude sie dir macht: Bei strömendem Regen und Kälte tagelang draußen zu sein, ist nicht jedermanns Sache. Im Wetterbericht erfährst du recht gut, wie die Großwetterlage in den nächsten zwei bis drei Tagen sein wird. Das gibt dir schon einmal einen groben Überblick.

Dennoch kann das Wetter an dem Ort, an dem du dich gerade aufhältst, anders sein als im Wetterbericht: Ist Regen angesagt, bedeutet das nicht, dass es überall regnet. Und bei wechselhaftem Wetter kann es an einem lokalen Ort auch mal einen Regenschauer geben. Aus diesem Grund solltest du stets das Wetter vor Ort beobachten. Dabei helfen dir vor allem die Wolken.

Wolkenwissen

Stehen die typischen **Schönwetterwolken** (Cumulus) am Himmel, so bleibt das Wetter meist schön und trocken. Oft lösen sie sich bis zum Abend auf.

Erscheinen nach und nach die ersten **Federwölkchen** (Cirren) hoch oben am ansonsten blauen Himmel, so künden sie meist schlechtes Wetter an. Beobachte diese Wolken in den nächsten Stunden und Tagen: Meist bleibt es an diesem Tag noch schön, werden die Wolken aber dichter, so können Regen, Schnee oder Gewitter folgen.

Mittelhohe **Schichtwolken** (Altostratus) können den ganzen Himmel bedecken und färben ihn einheitlich grau oder bläulich. Manchmal sind diese Wolken nur so dünn, dass die Sonne wie durch eine Milchglasscheibe hindurchscheint. Diese Wolken können Regen oder Schnee bringen, der dann oft lang andauert.

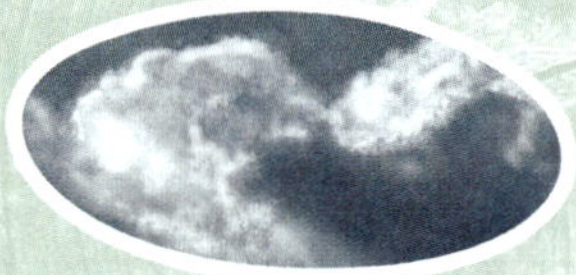

Da die typischen **Regen- oder Schlechtwetterwolken** (Nimbostratus) meist keine bestimmten Formen aufweisen, kannst du schlecht erkennen, aus welcher Richtung sie Regen oder Schnee bringen.

Wachsen zunächst weiße Schäfchenwolken immer höher in den Himmel hinauf und bilden bald riesige Wolken, die immer größer und dunkler werden, so musst du mit Gewitter rechnen – insbesondere an schwül-warmen Tagen. Wenn dann noch der Wind immer heftiger weht, musst du in einem sicheren Unterstand sein. Wie du dich bei Gewitter verhältst, erfährst du auf Seite 77.

Besseres Wetter kommt, wenn ...

- ✗ es im Lauf eines Sommertages deutlich kühler wird.
- ✗ Abendrot am wolkenlosen Himmel zu sehen ist.
- ✗ abends die untergehende Sonne die Wolken von unten rot anstrahlt.
- ✗ morgens die Sonne rot aufgeht und die Wolken von unten rot anstrahlt.
- ✗ in einer wolkenlosen Nacht ein klarer Mond scheint.
- ✗ Dunst über den Tälern steht.
- ✗ morgens Tau auf Wiesen, Pflanzen und Autos liegt.
- ✗ sich morgendlicher Nebel im Lauf des Vormittags auflöst.
- ✗ sich Kondensstreifen am Himmel auflösen.
- ✗ Schwalben hoch am Himmel fliegen.
- ✗ die Sterne stark funkeln.
- ✗ Grillen abends und nachts zirpen.

Schlechteres Wetter kommt, wenn ...

- ✗ du um die Sonne oder den Mond einen Ring entdecken kannst.
- ✗ es im Lauf eines Wintertages deutlich wärmer wird.
- ✗ bei Morgenrot rosa, gelbe oder graugelbe Färbung zu sehen ist.
- ✗ sich der Dunst auflöst und ferne Berge ganz nah und in bläulich dunkelgrauer Farbe erscheinen.
- ✗ der Himmel tagsüber tiefblau ist und man sehr weit schauen kann.
- ✗ aus dem Westen rasch Wolken heranziehen und der Wind auf Westwind dreht.
- ✗ weiße Schäfchenwolken dunkel werden.
- ✗ hohe Federwolken heranziehen, die wie ein Spazierstock aussehen.
- ✗ Kondensstreifen breiter werden.
- ✗ die Sicht rasch schlechter wird und es sich „zuzieht“.
- ✗ morgens ein Regenbogen am Himmel steht.
- ✗ Schwalben tief fliegen.
- ✗ Mücken aufdringlich sind.

Was tun, wenn es regnet?

Regnet es morgens, so kannst du dich noch einmal in deinem Schlafsack umdrehen und eine Runde weiterschlafen. Wenn gegen Mittag immer noch Regen fällt, solltest du dir überlegen, ob du nicht einfach einen Tag Pause einlegst. Geht das nicht, so schaue in deiner Wanderkarte nach, ob du eine Abkürzung findest. Vielleicht hast du ja auch nur kurze Wanderstrecken für jeden Tag eingeplant und kannst am nächsten Tag zwei Etappen zurücklegen.

Kleine Unterhaltung für den Pausentag

Ein dickes Buch ist immer gut. Mit Papier und Stiften kannst du mit deinen Freundinnen und Freunden „Stadt – Land – Fluss“ und „Käsekästchen“ spielen. Oder du malst mit bunten Farben das Spielfeld von „Mensch ärgere dich nicht“ auf ein Blatt Papier und nimmst Gummibärchen als Spielfiguren. Regentage sind auch gute Gelegenheiten, all die noch unbekannten Funktionen von Handy, Digitalkamera oder GPS auszuprobieren.

Ein bisschen Spurenkunde

Menschen, die ständig in der freien Natur leben, wie zum Beispiel einige Naturvölker, kennen jede Tierspur, jeden Kothaufen und jedes Geräusch ganz genau. Sie erkennen an der Spur, ob ein Tier verletzt oder hungrig ist und spüren sogar die Anwesenheit von Bären oder anderen gefährlichen Tieren. Wenn du auch so gut im Spurenlesen werden willst, musst du viel draußen sein – nicht nur bei schönem Wetter.

Bei uns gibt es glücklicherweise kaum gefährliche Tiere, vor denen du dich in Acht nehmen musst und deren Spuren dich vor möglichen Gefahren warnen. Dennoch solltest du ein paar Spuren kennen:

Wildschweine können dir gefährlich werden – besonders während der Paarungszeit im Winter und wenn sie Junge haben. Ihre Trittspuren findest du oft in weichem Waldboden oder dort, wo Wegrand und Wiesen wie von einem Bulldozer umgepflügt zu sein scheinen.

Hufabdruck Wildschwein
8–12 cm lang, 6–7 cm breit mit deutlich sichtbaren Afterklauen

Rehe, Hirsche, Rinder, Schafe und Ziegen sind Paarhufer. Sie tragen an jedem Fuß ein Paar Hufe aus hartem Horn. Diese beiden Hufe bilden einen deutlichen Abdruck im weichen Boden oder Schnee. An der Länge der Hufe kannst du am einfachsten die einzelnen Paarhufer voneinander unterscheiden.

Hufabdruck Reh
3,5–5 cm lang, 2–3 cm breit

Pfotenabdrücke

Die meisten heimischen Tiere haben Pfoten. Dazu gehören beispielsweise Katzen, Hunde, Füchse, Dachse, Eichhörnchen, Igel und Mäuse. Ihre Trittspuren kannst du voneinander unterscheiden, wenn du ihre Länge und Breite ausmisst. Zudem musst du darauf achten, wie viele Zehen ein Abdruck aufweist und ob Krallen zu sehen sind. Die Pfotenabdrücke von Wölfen gleichen denen großer Hunderassen. Vor Wölfen brauchst du kein Angst zu haben - sie sind sehr scheu und tun dir nichts.

Hund
je nach Rasse unterschiedlich groß, wie beim Fuchs, aber mit größeren, dichter beieinander stehenden Ballen

Rotfuchs
4–5 cm lang, 3–4 cm breit, 4 Zehenballen und 1 Hauptballen mit 4 sichtbaren, bekrallten Zehenabdrücken

Dachs
3,5–4,5 cm lang, 3–4 cm breit, 5 krallenbewehrte Zehen, zudem 4 Zehenballen im Halbkreis um den Hauptballen

Katze
3–3,5 cm lang, 3 cm breit, nahezu runder Abdruck mit 4 Zehenballen und 1 Hauptballen; niemals sind Krallen sichtbar!

Hase
4–6 cm lang, 3–3,5 cm breit, im Abdruck meist nur 4 Zehen mit deutlich sichtbaren schmalen Krallen; manchmal kannst du gut im Abdruck die behaarte Fußsohle erkennen

Eichhörnchen
3–4 cm lang, 2–3 cm breit, Vorderfuß: 4 lange schlanke Zehen mit spitzen Krallen, Hinterfuß: 5 Zehen mit spitzen Krallen

Schon gewusst?

Die Trittspur eines Braunbären ist allein schon wegen ihrer Größe unverwechselbar: Sie ist 25 cm lang! Du erkennst die Fußsohle mit den 5 nach vorne weisenden, bekrallten Zehen.

WICHTIG: In Gebieten, in denen es Braunbären gibt, musst du dich unbedingt informieren, wie du dich verhalten musst!

Wichtige Knoten lernen

Jedes Mal, wenn du mit Schnüren, Bändern oder Seilen umgehst, verknotest du sie. Den Einfachen Schlag hast du beim Schuhezubinden gelernt: Du machst ihn, bevor du die Schleife bindest. Der Einfache Schlag ist recht locker und hält nicht wirklich. Richtig fest bekommst du diesen Knoten, wenn du ihn vor dem Zuziehen nicht nur einmal, sondern zweimal umwickelst: Das ist der Chirurgische Knoten, den Ärzte und Ärztinnen beim Vernähen einer Wunde benutzen. Probiere ihn beim nächsten Schuhebinden mal aus: Du wirst sehen, er ist wirklich fest.

Der Palstek

Mit dem Palstek kannst du eine feste Schlaufe binden, mit der du ein Seil an einen Gegenstand – zum Beispiel an den Henkel eines Eimers – knoten kannst. Völlig ungeeignet ist der Palstek zum Klettern und Anseilen! Dieser Knoten zieht sich weder zusammen noch löst er sich, selbst wenn du damit ein Auto abschleppen würdest. Und das Kuriose: Willst du den Palstek lösen, so geschieht das wie von Zauberhänden.

Der Palstek hat verschiedene Namen: Er heißt auch Rettungsschlinge, Feuerwehrrettungsknoten, einfacher Ankerstich, Schertauknoten, Brustbund oder Pfahlstich. Verwirrend, nicht wahr? In der Schifffahrt ist der Palstek der am häufigsten verwendete Knoten – er wird auch der „König der Knoten“ genannt. Diesen Knoten musst du können.

So geht's:

1. Du legst mit dem Seil ein Auge, sodass das Seil ein langes und ein kurzes Ende hat. Das lange Ende heißt „Baum“, das kurze „Schlange“ und das Auge „Teich“. Das Schlangenende ist im Teich oben, das Baumende unten.
2. Nun führst du die Schlange um den Gegenstand, den du anbinden möchtest.
3. Dann führst du die Schlange von unten durch den Teich,
4. um den Baum herum
5. und nun von oben durch den Teich.
6. Zum Zuziehen ziehst du Baum und Schlange nach außen.

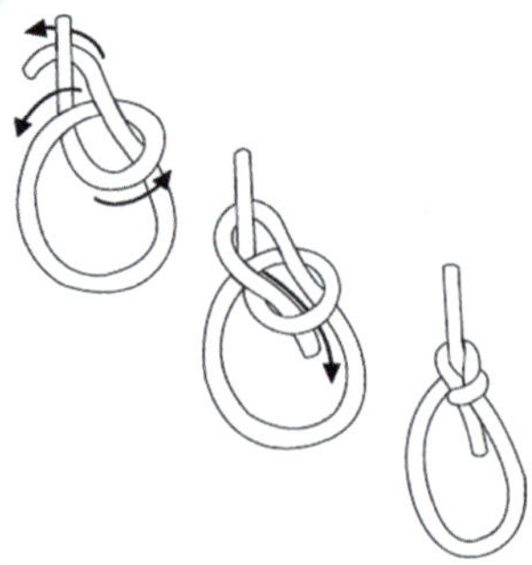

Wichtig!

Übe den Knoten solange, bis du ihn mit geschlossenen Augen und sogar auf deinem Rücken machen kannst!

Der Kreuzknoten

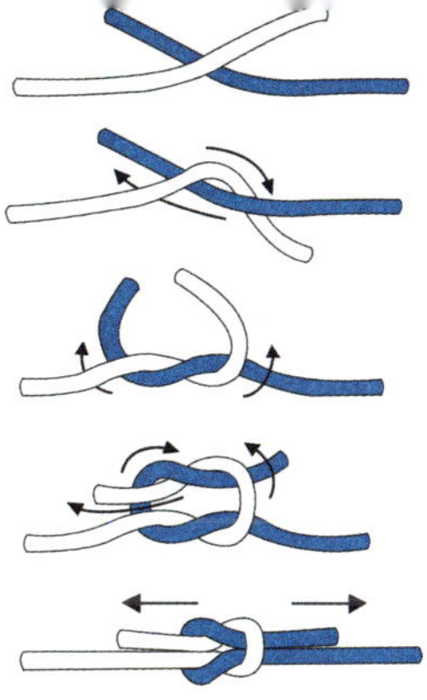

Mit dem Kreuzknoten kannst du zwei gleich dicke Seile miteinander verbinden, wenn beide Seilenden angespannt werden sollen. Der Knoten ist auch leicht wieder zu lösen.

So geht's:

1. Du legst jedes Seilende zu einer Öse.
2. Du schiebst die beiden Ösen ineinander und ziehst den Knoten fest. Achte darauf, dass die Enden parallel aus den Ösen herauskommen und nicht schräg!

Der Rundtörn mit Schlägen

Wenn du deine Hängematte oder deinen Vorratsbeutel aufhängen oder eine Plane befestigen willst, brauchst du diesen Knoten. Mit ihm kannst du ein Seil um einen Pfosten oder Baum binden.

So geht's:

1. Du schlingst das Seil zweimal um den Baum, Pfosten oder Ähnliches.
2. Dann machst du einen Doppelknoten (= zwei halbe Schläge) um das Seil und ziehst den Knoten fest.

Der Taklingknoten

Um eine Steinklinge an einem Stock oder eine Pfeilspitze an einem Speer zu befestigen, verwendest du am besten diesen Knoten.

So geht's:

1. Du machst um Stock oder Speer eine Schlaufe.
2. Dann legst du das kurze Schnurende am Stock entlang und bildest eine Schlinge.
3. Mit dem langen Schnurende umwickelst du nun fest und eng Stock und Schlinge in Richtung der Schlinge.
4. Nun führst du die Schnur durch die Schlinge und ziehst an der kurzen Schlingenschnur, sodass das lange Schnurende unter der Umwicklung verschwindet.
5. Beide Schnurenden abschneiden – fertig!

FINNs TIPP!

Eine Schnur aus Brennnesseln

Wenn du dringend eine Schnur brauchst, aber keine zur Hand hast, mach dir doch einfach eine aus Brennnesseln. Dazu schneidest du lange Brennnesselstängel ab (nimm dazu wegen der Brennhaare ein T-Shirt oder Papier in die Hand), entfernst die Blätter und schlitzt die Stängel der Länge nach auf. Nun wickelst du die Stängel um deinen Finger: Dabei bricht das harte Mark in kleine Stücke, die du einfach herauslöst. Nun verzwirbelst du die langen Fasern zu einer Schnur.

Sich draußen sicher bewegen

Unternimm niemals allein eine Outdoor-Tour durch die Wildnis. Mit mehreren macht das Abenteuer erstens viel mehr Spaß, und zweitens wirst du draußen auf die Hilfe deiner Freundinnen, Freunde oder Eltern angewiesen sein. Manche Wege sind so steil oder weisen hohe Felsstufen auf, die du allein viel schlechter bewältigen kannst. Auch wenn du auf einen stabilen Ast klettern willst und der glatte Stamm keine Haltemöglichkeiten bietet, brauchst du andere Menschen für eine Räuberleiter.

Halte dich fit

Mit einem starken Körper, der sich viel bewegt und Sport macht, hast du es draußen viel leichter. Dann hast du mehr Kraft und Ausdauer. Wenn du morgens aufwachst und sich dein Körper verspannt anfühlt, begrüße den Tag mit ein paar Fitness-Übungen. Wie wäre es mit dem Dschungelgruß:

1. Du streckst die Arme mit geschlossenen Handflächen nach oben und biegst dich wie eine Palme im Wind nach rechts und links.
2. Da kommt ein Löwe und faucht ganz laut „aaaahh" (dabei springst du in die Grätsche).
3. Zum Schutz vor dem Löwen flüchtest du dich in eine Höhle (dabei lässt du die Arme hängen und ziehst sie zwischen die gegrätschten Beine, bis dein Kopf den Boden berührt).
4. Du schaust rechts aus dem Versteck heraus (dazu umfasst du mit deiner linken Hand das rechte Fußgelenk, streckst deine rechte Hand nach oben und schaust zu ihr auf),
5. dann links (dasselbe auf der anderen Körperseite).
6. Nun verwandelst du dich in einen Vogel (dazu ziehst du die Arme nach außen), der fliegt und fliegt ...
7. und auf der Palme landet (du legst die Hände auf den Boden).
8. Vor lauter Glück, dem Löwen entkommen zu sein, küsst du die Palme rechts (küsse dein rechtes Knie, dazu faltest du deine Hände hinter dem Po)
9. und links (küsse dein linkes Knie bei gleicher Handhaltung).
10. Nun richtest du dich auf, deine Hände sind immer hinter dem Rücken gefaltet und die Beine gegrätscht.
11. Du springst von der Palme, schließt die Beine und bist fit für die nächsten Abenteuer!

Hindernisse überqueren

Auf deiner Outdoor-Tour musst du vielleicht auch einmal ein Hindernis überqueren, etwa einen breiten Bach. So kannst du dafür zu Hause üben:

Dazu spannst du ein dickes Ankerseil etwa einen Meter hoch zwischen zwei Bäumen. Nun legst du dich mit dem Bauch auf das Seil, hältst dich vorne mit den Händen fest und lässt die Beine auf beiden Seiten des Seils herunterhängen. Ein Bein winkelst du an und legst diesen Fuß über das Seil. Dann geht's los: Du ziehst dich langsam Stück für Stück über das Seil. Das herabhängende Bein hält das Gleichgewicht, das auf das Seil geklemmte Bein sichert dich vor dem Abstürzen.

Wenn du das Hangeln richtig gut kannst, übe es über einem kleinen Bachlauf.

Ein Floß bauen

Noch breitere Gewässer kannst du mit einem Floß überqueren. Dazu brauchst du trockene Holzstämme und eine lange Schnur. Weil so ein Floß ziemlich viel wiegt, baue es ganz nah am Ufer! Dann brauchst du noch einen langen stabilen Ast, mit dem du wie ein venezianischer Gondelfahrer stocherst, oder ein Ruder aus Holz.

Einfacher geht es mit einer Luftmatratze:
Aufpumpen und los geht's.

Feuer machen

Erst als unsere menschlichen Vorfahren vor etwa 500.000 Jahren gelernt hatten, wie man Feuer macht, konnten sie die warmen, tropischen Regionen Afrikas verlassen und nach Europa ziehen. Denn bei uns ist es selbst in vielen Sommernächten kalt und die hiesigen Winter würde man ohne Feuer nur schwer überleben.

Ein Feuer wärmt nicht nur, spendet Licht und hält gefährliche Tiere fern, sondern macht viele Nahrungsmittel durch Kochen oder Grillen bekömmlicher. Außerdem ist es herrlich, morgens einen frisch auf dem Feuer gekochten Tee zu trinken und abends am Lagerfeuer zu sitzen und Witze, Spaß- oder Gruselgeschichten zu erzählen.

Ein Feuer ist aber auch gefährlich, weil du damit die Umgebung in Brand setzen oder dich an den Flammen verbrennen kannst. Darum musst du wissen, wie man sicher mit dem Feuer umgeht.

Wichtige Sicherheitsregeln:

✗ Zünde ein Feuer nur an, wenn erfahrene Menschen oder Erwachsene dabei sind.

✗ Behalte das Feuer stets im Auge: Am besten ernennt ihr einen oder zwei „Feuermänner“ oder „Feuerfrauen“, die das Feuer die ganze Zeit über hüten.

✗ Um im Notfall das Feuer rasch löschen zu können, halte ein paar Decken, Sand oder lockere Erde zum Ersticken der Flammen oder einen Eimer mit Wasser bereit.

✗ Errichte ein Feuer, wenn möglich, immer auf angelegten Feuerstellen, niemals auf privaten Plätzen, mitten im Wald oder in der Nähe von Straßen, Gleisen oder gar Autobahnen.

✗ Es wird nur trockenes Holz verbrannt, zum Anzünden auch trockene Zapfen, trockenes Gras oder Papier (das ja auch aus Holz besteht), niemals Plastik oder Müll!

✗ Bevor du ein Lagerfeuer verlässt, muss es gelöscht werden, selbst wenn es nur noch ganz klein ist oder glimmt: Dazu ziehst du die Restglut innerhalb der Feuerstelle auseinander (mit Stöcken) und schüttest Wasser drüber. Danach kannst du die Feuerstelle noch mit Erde abdecken. Sei sicher, dass das Feuer auch wirklich aus ist.

Das Wichtigste übers Feuer machen

Eine Feuerstelle anlegen

Ohne Holz kein Feuer. Darum musst du zuerst **trockenes** Feuerholz sammeln, das am Boden liegt. Frische Äste und Zweige brennen nicht, sondern qualmen fürchterlich. Brich darum bitte kein Feuerholz von Bäumen oder Sträuchern ab.

Feuerholz finden

Beginne mit dem Sammeln von ausreichend Feuerholz noch im Hellen – sammle lieber zu viel als zu wenig. Denn im Dunkeln ist das Holzsammeln viel schwieriger.

Das beste Feuerholz findest du unter Bäumen. Sammle dort einfach die heruntergefallenen Äste und Zweige. Das weiche Holz von Nadelbäumen (Fichte, Tanne, Kiefer) brennt schneller, dafür qualmt und raucht es mehr. Das harte Holz der Laubbäume brennt zwar nicht so schnell, dafür aber qualmfrei und viel länger. Birkenholz ist das einzige Holz, das auch im frischen Zustand einigermaßen gut als Feuerholz geeignet ist.

Zum Anzünden brauchst du streichholz- sowie bleistiftdicke Ästchen, Gras, Fichten- und andere Zapfen und ähnliche sehr trockene Materialien, die beim kleinsten Funken zu brennen beginnen. Auch die flaumigen Samen von Weiden und Rohrkolben, trockenes Moos oder Farnkraut, Holzspäne oder die zerbröselte Rinde von Birken und anderen Bäumen fangen leicht Feuer und eignen sich zum Feueranzünden. Findest du kein trockenes Feuermaterial kannst du auch Kartoffelchips zum Anzünden nehmen.

Wenn dann ein kleines Feuerchen brennt, brauchst du trockenes Holz in verschiedenen Größen, die von kleinen Scheiten bis zu größeren Stammstücken reichen. Nacheinander fütterst du das Feuer mit immer größeren Stücken Holz.

Lagere das trockene Feuerholz weit genug von der Feuerstelle entfernt, damit das Feuer nicht überspringen kann. Nasses Holz kannst du näher am Feuer lagern, denn dort trocknet es noch ein wenig durch die Hitze.

Verschiedene Feuerarten

Pyramidenfeuer

Du musst dir noch überlegen, welche Art von Feuer du machen möchtest. Je nachdem, welche Feuerart du wählst, wird das Holz nämlich nach dem Anzünden anders geschichtet. Es gibt:

Pyramidenfeuer: Die dicken Holzscheite werden wie bei einem „Tipi“ aufgestellt. Dieses Feuer ist am vielseitigsten, es eignet sich zum Wärmen und Kochen und brennt recht qualmfrei.

Sternfeuer: Die Holzscheite werden von allen Seiten sternförmig flach am Boden in das Feuer gelegt. Wenn sie vorne abgebrannt sind, werden sie stets nachgeschoben. Dieses Feuer eignet sich, wenn du sparsam mit dem Feuerholz umgehen musst.

Gitter- oder Pagodenfeuer: Die Holzscheite werden gitterförmig in mehreren Lagen aufeinandergestapelt. Achte auf genügend Luftraum zwischen den Scheiten einer Lage. Dieses Feuer wird sehr groß und heiß. Es eignet sich für ein großes Lagerfeuer.

Grubenfeuer: Wenn es sehr windig ist, gräbst du ringförmig ein Erdloch aus. In dem Erdloch errichtest du ein Pyramidenfeuer. Dieses Feuer ist das unauffälligste aller Feuerarten. Bei starkem Regen kannst du auch einen Stein als Deckel über das gut brennende Feuer legen. Achtung, der Stein wird höllisch heiß! NICHT ANFASSEN!

Ein Feuer entzünden ohne Streichhölzer

Vor dem Anzünden

Wenn du eine Feuerstelle gefunden hast, legst du kreisförmig Steine darum. Dieser Steinkreis verhindert, dass sich das Feuer am Boden ausbreitet. Für ein kleines Feuer sollte dieser Steinkreis mindestens 50–60 cm messen, für ein großes Feuer mit Meterholz hat der Steinkreis einen Mindestdurchmesser von 150 cm. Innerhalb dieses Steinkreises entfernst du alles Brennbare (Gräser, trockene Blätter etc.) und sorgst für offenen Boden.

Ein Feuer anzünden

Nun wird es spannend! Zuerst errichtest du in der Mitte des Steinkreises ein kleines Häuflein aus trockenem, kleinem und feinem Anzündmaterial. Das ist das Feuerbett. Du kannst auch einen Grillanzünder beilegen – aber niemals Spiritus, Benzin oder andere explosive Stoffe! Über dem Feuerbett errichtest du streichholzgroße Holzstückchen wie bei einem Tipi.

Nun zündest du ein Streichholz so nah wie möglich bei dem feinen Anzündmaterial. Damit es besser brennt, kannst du ganz vorsichtig pusten. Wenn dann ein kleines Feuerchen glimmt, legst du langsam mehr Brennmaterial nach – zunächst dünne Ästchen, dann immer dickere.

Lege erst dann neues Feuerholz nach, wenn das Feuer gut brennt.

Beim Nachlegen musst du auch darauf achten, dass das Feuer stets genügend Luft bekommt – ohne Sauerstoff kein Feuer. Darum schichte das Holz stets locker auf, aber auch nicht zu lose. Sonst geht das Feuer aus.

Mit ein bisschen Erfahrung weißt du rasch, wie ein Feuer am besten weiter brennt.

Bevor du abends in deinen Schlafsack kriechst, schiebst du die Glut des Lagerfeuers auf einen Haufen zusammen. Vielleicht kannst du ja dort am nächsten Morgen ein neues Feuer entfachen. Wenn du das Lagerfeuer allerdings verlässt, musst du es ganz löschen (siehe Seite 23).

Ein Feuer anzünden ohne Streichhölzer

Bevor es Streichhölzer und Feuerzeuge gab, haben die Menschen auf verschiedene Weisen ein Feuer angezündet. Wenn man Feuerstein und Pyrit oder Metall zusammenschlägt, gibt es Funken, ebenso beim Reiben von einem harten Holzstab in einem besonders trockenen Stück Weichholz. Ein Feuer kannst du bei Sonnenschein auch mithilfe einer Lupe, einer Brille (es muss eine für Weitsichtigkeit sein, denn diese hat in der Mitte eine dickere Linse) oder eines gewölbten Flaschenbodens entzünden. Wenn du diese Linse ganz ruhig hältst, bündelst du die Sonnenstrahlen auf eine Stelle des Feuerbetts. Deinen Erfolg erkennst du daran, dass das Feuerbett zu rauchen beginnt. Puste nun vorsichtig auf die rauchende Stelle – so bekommt das Minifeuerchen genügend Luft und kann sich entfachen.

FINNs TIPP!

Wasserfeste Streichhölzer

Tauche die Köpfe ganz normaler Streichhölzer in flüssiges Kerzenwachs. Lass sie trocknen und packe sie in eine kleine Plastiktüte ein. Vor dem Anzünden kratzt du das Wachs mit einem Fingernagel herunter – nun kannst du es problemlos anzünden.

Nahrung und Wasser finden

Draußen essen und trinken

Bei uns gibt es keine unendlichen Wüstengegenden und auch keine einsamen, unerreichbaren Inseln. Darum musst du keine Angst haben, bei deiner Abenteuer-Tour zu verdursten oder zu verhungern. Von fast jedem Ort aus erreichst du innerhalb weniger Stunden ein menschliches Anwesen, ein Dorf oder eine Siedlung. Dennoch solltest du nicht von vornherein einplanen, auf die Hilfe anderer angewiesen zu sein. Besser ist es, die Tour so zu planen, dass du fremde Hilfe nur im Notfall beanspruchen musst und dich ansonsten – unabhängig von Außenstehenden – selbst mit Wasser und Nahrung versorgen kannst.

Wie viel Nahrung und Wasser braucht eine Person am Tag?

Trinkwasser: mindestens 2 Liter, bei Hitze und großer Anstrengung deutlich mehr (wenn du dann aber ständig musst, trinkst du zu viel).

Nahrung: Das ist von Mensch zu Mensch sehr verschieden, im Schnitt rechnet man mit 2.000 kcal pro Tag. Wie viel Nahrung du jeden Tag benötigst, kannst du vor deiner Tour ermitteln: Notiere einfach mehrere Tage lang, was du alles an einem Tag isst. Bedenke, wenn du dich sehr anstrengst, brauchst du mehr zu essen.
Pack als Notreserve ein paar Müsliriegel ein.

Getränke sind schwer

Das größte Problem bei langen Touren sind die Getränke: 1 Liter Wasser wiegt 1 kg – für jeden Tag musst du demnach 2 kg (entsprechend 2 Liter) Getränke schleppen. Das ist viel. Da du nicht bedenkenlos Wasser aus öffentlichen Brunnen, Bächen, Flüssen und Teichen trinken kannst, solltest du auf deiner Tour mindestens einmal täglich an einem Gasthaus, Kiosk, Lebensmittelladen oder einer Tankstelle vorbeikommen, um Getränke zu kaufen. Oftmals liegen einzelne Gasthöfe auch außerhalb der Ortschaften mitten in der Natur – erkundige dich vorher darüber.

Bist du längere Zeit weit außerhalb von Ortschaften unterwegs, plane vorher ein, wo du dein Trinkwasser auffüllen kannst. Plastikflaschen sind dazu äußerst praktisch – am besten 0,75-Liter-Flaschen, denn diese passen auch unter niedriger montierte Wasserhähne.

Wasser suchen und finden

So gehst du mit Wasser um

Um gesund und fit zu bleiben, musst du jeden Tag mindestens 2 Liter Wasser trinken. Ideal sind Wasser oder Apfelsaftschorle. Da Wasser und Getränke sehr schwer sind, solltest du schon bei deiner Planung an „Wassertankstellen“ auf deinem Weg denken: Das können bewirtschaftete Gasthöfe, Berghütten oder Quellen sein. Geh sparsam mit deinem Trinkwasser um. Wasch dich nicht mit deinem Trinkwasser, sondern lieber mit sauberem Bachwasser. Zum Zähneputzen brauchst du nicht unbedingt Wasser – ein Schluck zum Ausspülen reicht. Probiere das zu Hause schon einmal aus.

Sauberes Trinkwasser finden und gewinnen

Obwohl Wasser überall bei uns vorkommt, kannst du es nicht einfach so verwenden. Da viele Bäche, Flüsse, Teiche und Seen verschmutzt sind, eignet sich das Wasser darin nicht zum Trinken, wohl aber zum Waschen. Bedenkenlos kannst du nur Wasser direkt aus einer Quelle trinken, ebenso frisch aufgefangenes Regenwasser (allerdings nicht von einem Dach oder aus einer Regenrinne) sowie sauberen Schnee, der gerade gefallen ist. In den Alpen und anderen Hochgebirgen ist das Wasser in einem Bergbach oberhalb von Siedlungen, Hütten und Viehweiden genießbar. Je schneller es bergab fließt und je kälter und klarer es ist, umso besser ist es zum Trinken geeignet. Aber: Stelle sicher, dass weiter oben keine Tiere weiden und keine toten Tiere (Gämsen, Ziegen, Vögel, etc.) im Wasser liegen, die es vergiften. Morgens kannst du den Morgentau auf Wiesen und Büschen mit einem Tuch aufsammeln.

Wenn es regnet, solltest du auf jeden Fall das Wasser auffangen. Dazu stellst du einige Behälter auf oder spannst waagerecht eine saubere Plane aus, in deren Mitte sich das Wasser sammelt. Mit einer solchen, knapp über dem Boden aufgespannten Plane kannst du auch Morgentau sammeln: Dazu legst du in die Mitte der Plane einen Stein und stellst dort, wo der Stein liegt, einen Behälter darunter. Der Morgentau sammelt sich auf der Unterseite der Plane und fließt in den Behälter. Diese Methode funktioniert auch bei Nebel.

Kannst du die Plane nicht an Ästen oder anderen Gegenständen befestigen, musst du ein weites Loch ausheben. In die Mitte des Loches stellst du den Behälter. Dann spannst du die Plane über das Loch, beschwerst sie am Rand mit Steinen und legst einen Stein in die Planenmitte.

Du kannst auch Trinkwasser gewinnen, wenn du eine saubere Plastiktüte (am besten sind 10-Liter-Gefrierbeutel geeignet) über einen dicht beblätterten Zweig einer ungiftigen Pflanze stülpst und zubindest. Natürlich weist die Öffnung der Tüte nach oben, sonst würde dort ja das gewonnene Wasser heraustropfen. Pflanzen verdunsten Wasser – und dieses Wasser kannst du mithilfe der Plastiktüte gewinnen – es sieht zwar manchmal nicht besonders appetitlich aus, ist aber trinkbar.

FINNs TIPP!

Wasser keimfrei machen

Bevor du Wasser aus einem sauberen Gewässer trinkst, musst du es mit einer Entkeimungstablette keimfrei machen. Solche Tabletten solltest du immer dabeihaben. Du bekommst sie in einer Apotheke. Hast du keine Entkeimungstablette zur Hand, dann beseitigst du alle Keime aus dem Wasser durch Abkochen: Dazu filterst du das Wasser am besten zunächst durch ein sauberes Tuch (z.B. Stofftaschentuch) und kochst es dann drei Minuten lang (in Höhenlagen länger, da dort das Wasser schon bei weniger als 100 °C kocht). Abkühlen lassen – und trinken.

Einen Fisch fangen und zubereiten

So fängst du einen Fisch

Einen Fisch im flachen Bachlauf mit der Hand zu fangen, ist gar nicht so einfach. Zum einen ist der Fischkörper feucht und glitschig, zum anderen befindet sich der Fisch nicht dort, wo du ihn packen willst. Da Wasser dichter ist als Luft, wird das Licht an der Wasseroberfläche gebrochen. Dadurch befindet sich der Fisch höher als er zu sein scheint – und folglich musst du unter sein scheinbares Bild greifen, wenn du ihn packen möchtest.

Bei uns sind alle Fische zum Essen geeignet, natürlich schmecken manche gut und sind grätenarm, andere schmecken dagegen nur mäßig und enthalten viele Gräten. Wenn du einen Fisch gefangen hast, musst du ihn bald zubereiten. Das Fleisch der Fische verdirbt nämlich schnell.

Wichtig!

Du darfst keine Fische in einem gekennzeichneten Anglerteich und nicht in einem Forellen- oder Karpfenteich fangen.

Eine Regenbogenforelle fangen wie ein Profi

Regenbogenforellen stehen gern in schnell fließendem, flachem Wasser. So lauern sie auf Insekten, die auf die Wasseroberfläche fallen. Regenbogenforellen sind leckere Speisefische, die du mit der Hand fangen kannst. Das geht so: Du näherst deine Hand langsam von hinten einer Forelle, die in der Strömung steht. Dabei hältst du die Hand so, als ob du einen Stein aufheben willst. Langsam und vorsichtig schiebst du nun deine Hand von hinten nach vorne über den Forellenkörper bis zur Höhe der Kiemen. Dann musst du rasch – aber auch nicht zu kräftig – zugreifen. Dies erfordert allerdings ein wenig Übung.

Fische keschern

Mit einem gekauften Kescher – oder selbstgebaut aus einem auf der einen Seite verknoteten T-Shirt, das du mit der anderen Seite über einen Tennisschläger biegst – kannst ebenfalls Fische aus einem Gewässer herausholen.

Fische mit der Leine fangen

An einem mindestens 1,5 m langen, geraden Stock befestigst du eine dünne Schnur (z.B. Monofilschnur aus dem Angelbedarf), die länger als der Stock sein muss. Damit die Schnur besser hält, ritzt du eine Kerbe in den Stock. Wenn du etwa 20 cm vom Schnurende entfernt ein paar bunte Federn als Schwimmer (Forellen meinen, das sei ein aufs Wasser gefallenes Insekt) und ans Schnurende einen Köder (Regenwurm oder Heuschrecke) bindest, lockst du im flachen Wasser stehend Forellen an. Dann fängst du die Forellen mit der Hand.

Wenn du ans Schnurende einen spitzen, gebogenen Haken (aus dem Anglerladen) anbringst, kannst du Fische angeln. Doch Achtung, beim Auswerfen der Schnur mit dem Haken aufs Wasser musst du sehr gut aufpassen, damit du niemanden verletzt.

Wie fängst du am besten einen Fisch

Einen Fisch mit der Hand zu fangen hat den Vorteil, dass du genau wählen kannst, welchen Fisch du fängst und welchen nicht. Beim Fangen mit einem Kescher nimmst du nur die größten Fische und auch nur so viele, wie du brauchst. Kleine und nicht benötigte Fische gibst du ins Wasser zurück. Beim Fischen mit einem scharfen Haken besteht zum einen die Gefahr, dass du dich und andere beim Auswerfen verletzt, zum anderen kannst du nicht entscheiden, welcher Fisch anbeißt. Ist der Fisch zu klein, dann musst du den Haken (der sich oft verhakt und gar nicht so leicht rausgeht) aus dem Maul entfernen und den Fisch ins Wasser zurücksetzen.

Schon gewusst?

Wenn du das Angeln lernen willst, erkundige dich nach einem Angelverein in deiner Gegend. Dort kannst du auch einen **Angelschein** (Fischereischein) erwerben, wenn du eine Prüfung abgelegt hast. Zusammen mit einem Fischereierlaubnisschein darfst du dann bundesweit an allen Gewässern angeln.

Schießen mit Pfeil und Bogen

Pfeil und Bogen

Auch wenn du sie sicherlich nicht in der freien Wildbahn brauchst, gehören Pfeil und Bogen zu einem Outdoor-Abenteuer irgendwie dazu. Schon in der Steinzeit vor 7.000–10.000 Jahren haben die Menschen bei der Jagd mit Pfeil und Bogen auf Wildtiere geschossen. Davon zeugen etliche Geräte, die erhalten geblieben sind, sowie Malereien auf Felsen. Auch der bekannte Mann aus dem Eis „Ötzi", dessen Körper man im Gletschereis gefunden hat und der vor etwa 5.300 Jahren bei einem Kampf von einem Pfeil getroffen wurde, trug einen Bogen und Pfeile. Damals wurden die Bögen aus Eibenholz gemacht, das am besten dafür geeignet ist. Da das Holz der Eibe (siehe auch Seite 92) aber giftig ist, musst du für deinen Bogen ein anderes Holz verwenden.

Einen Bogen bauen

Für den Bogen brauchst du einen etwa 3–4 cm dicken und ca. 1,5 m langen, frischen Ast. Am besten eignet sich Eichen- und Birkenholz, aber auch das Holz von Ulme, Esche, Ahorn oder Hasel ist geeignet. Nadelholz ist für einen Bogen nicht brauchbar. Wende den Ast hin und her und finde heraus, wie er natürlicherweise gekrümmt ist. Diese natürliche Krümmung wird auch die Krümmung des Bogens. Dann entrindest du ganz vorsichtig den Ast, ohne das Holz zu verletzen. Der Mittelteil ist der stärkste Teil des Bogens, zu den Enden hin musst du das Holz noch dünner (ca. 2,5 cm dick) machen, am besten mit einem Taschenmesser.

Dann schnitzt du etwa 3 cm von den Enden entfernt an beiden Seiten eine feine Kerbe in den Bogen, in der du die Sehne befestigen kannst. Die Sehne darf nicht dehnbar sein. Geeignet sind ein dünnes Nylonseil oder eine Fallschirmleine, aber auch pflanzliche Fasern von Baumwolle, Brennnessel, Hanf, Lein oder Ramie. Wie du aus Brennnesseln eine Schnur bekommst, erfährst du auf Seite 19. Du knotest die Sehne fest an eines der beiden Bogenenden, dann biegst du den Bogen und befestigst die Sehne am anderen Bogenende ebenfalls mit einem Knoten (Palstek, siehe Seite 18).

Pfeile bauen

Für die Pfeile eignen sich unverzweigte, fingerdicke, etwa 1 m lange Zweige von der Hasel. Wenn du sie gerade frisch geschnitten hast, solltest du sie einen Monat lang trocknen lassen. Dann erwärmst du die Zweige und richtest sie durch sachten Druck auf die krummen Stellen kerzengerade aus. Auf diese Weise bekommst du auch später immer wieder krumme Pfeile gerade.

Nach dem Abschneiden der eingerissenen Enden entfernst du vorsichtig die Rinde und schmirgelst die Oberfläche mit feinem Schmirgelpapier ab. Schließlich lackierst du die Pfeile mit einem Holzlack (aus dem Baumarkt).

Die richtige Pfeillänge erhältst du, wenn du den Pfeil so hältst, als ob du ihn mit dem Bogen abschießen wolltest: Er sollte ein wenig länger sein als der Abstand zwischen deiner gestreckten Hand und der in Mundhöhe.

An das Ende des Pfeilschaftes bringst du nun Federn an, die den Flug stabilisieren.

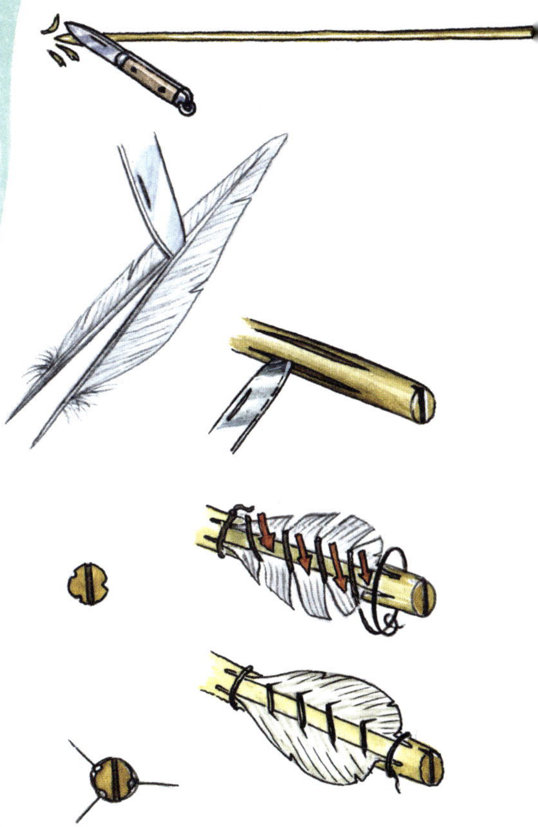

Wichtig!

Schieße nur auf Gegenstände und keine lebenden Tiere oder Menschen!! Sorge vor jedem Schuss dafür, dass sich niemand in der Schussbahn aufhält.

Mit Pfeil und Bogen schießen

Zum Schießen dehnst du die Bogensehne und legst den Pfeil locker auf den Mittelfinger deiner vorderen Hand. Dann löst du die Sehne aus, die über deine Fingerkuppen gleitet. Wie du mit dem Pfeil zielen musst, um zu treffen, findest du mit ein wenig Übung heraus.

Schießen mit Schleudern oder Wurfgeschossen

Schleudern und Wurfgeschosse

Einfacher und genauer als mit Pfeil und Bogen kannst du mit einer Schleuder, einem Speer oder einem Blasrohr zielen. Doch auch hier gilt: Ziele **niemals** auf Lebewesen, weder auf Tiere noch auf Menschen!

Eine Schleuder bauen

In der Steinzeit haben die Menschen mit einer Speerschleuder gejagt. Dank einer speziellen Abwurfvorrichtung aus Holz konnten die Jagenden einen Speer viel weiter werfen als mit der Hand. Genauso funktioniert deine Schleuder: Auch mit ihr kannst du kleine Wurfgeschosse wie Steinchen oder Nüsse viel weiter schießen als mit der Hand.

Um eine Schleuder zu bauen, brauchst du eine Y-förmige, stabile Astgabel. Kürze die Längen aller drei Äste auf ca. 20 cm ein. Dann entfernst du die Rinde mit einem scharfen Taschenmesser.

Achtung: Damit du dich nicht verletzt, führst du das Messer stets von deinem Körper weg. Achte darauf, dass sich niemand im Bereich deines Messers aufhält.

Wenn die Oberfläche des Holzes schön glatt ist, schneidest du für das Gummiband eine kleine Kerbe in die beiden oberen Äste des Y, etwa 1–2 cm von den Enden entfernt.

Als Gummiband eignet sich ein dickes Einmachgummi, das du in die Kerben legst. Du kannst das Einmachgummi auch durchschneiden und es in den Kerben festknoten. Oder du schneidest ein etwa 50 cm langes und 1,5 cm breites Stück aus einem alten Fahrradschlauch.

Wenn du möchtest, kannst du deine Schleuder auch mit wasserfesten Farben bemalen.

Mit dem Speer zielen

Einen Speer hast du leicht gebaut: Du brauchst dazu einen mindestens 1,5 m langen, geraden Holzstab, dessen Ende du anspitzt. Am besten sind Äste von der Hasel geeignet. Findest du nur gebogene Äste, dann erwärme den Ast und biege ihn mit sanftem Druck gerade.

Nun kannst du das Zielen mit deinem Speer üben: Male dazu eine Zielscheibe auf den Boden (auf festem Boden mit Kreide, auf weichem Boden mit dem Finger) und übe das Zielen aus verschiedenen Distanzen. Na, wie lange brauchst du, um die Mitte zu treffen?

FINNs TIPP!

Blas- und Pusterohre

Das einfachste Pusterohr für feuchte Papierkügelchen ist ein dicker Trinkhalm, den du auf Fingerlänge kürzt.

Die Urvölker Südamerikas benutzen für ihre giftigen Pfeile längere, hohle Pflanzenstängel. Möchtest du auch solch ein hölzernes Blasrohr, musst du einen mindestens 3 cm dicken Holunderast abschneiden. Sein Inneres ist mit weichem Mark gefüllt, das du leicht herausbohren kannst. Kürze dazu den Holunderast auf ca. 15–20 cm und bohre mit einer metallenen Häkel- oder Stricknadel das Mark heraus.

Ritze dann mit dem Taschenmesser (Achtung, Verletzungsgefahr!!) kleine Muster in die Rinde hinein oder entferne die Rinde ganz: Du kannst dein entrindetes Blasrohr auch mit einem wasserfesten Stift oder Acrylfarbe bemalen.

Melken

So melkst du eine Kuh

Dass Milch nicht aus dem Supermarkt kommt, sondern von einer Kuh, weißt du sicherlich. Milch ist für Kinder ein nährendes Lebensmittel, besser verträglich ist sie in Form von Joghurt, Quark oder Buttermilch. Wenn du während deiner Tour an einem Bauernhof mit Milchkühen vorbeikommst, frag doch einmal nach, ob du dort lernen kannst, wie man eine Kuh melkt. Früher wurden alle Kühe von Hand gemolken, heute erledigt das meist eine Melkmaschine.

Ein bisschen Hintergrundwissen

Eine Kuh produziert Milch, um ihr Kalb zu ernähren. Daher muss eine Kuh zuerst ein Kalb bekommen haben, bevor sie zur Milchkuh wird. Milchkühe geben auch Milch, wenn sie kein Kalb mehr haben. Denn durch das tägliche Melken wird die Milchbildung im Euter angeregt – denn das Euter meint ja, es gäbe weiterhin ein Kälbchen zu füttern. Das funktioniert etwa 300 Tage lang, denn die Qualität der Milch wird im Lauf dieser Zeit immer schlechter. Die Kuh wird nun etwa zwei Monate lang nicht gemolken und bekommt dann ein weiteres Kalb. So geht das etwa fünf Jahre lang, dann ist eine Milchkuh zu alt.

Meist werden Milchkühe morgens und abends gemolken – jeden Tag, auch an Sonn- und Feiertagen und auch in den Ferien!

Im Euter ist die Milch an das Gewebe gebunden – darum läuft die Milch nicht einfach aus den Zitzen heraus, wenn das Euter voll ist. Erst wenn ein Kälbchen an den Zitzen saugt, läuft die Milch in die Zitzen. Bäuerinnen und Bauern nennen das „die Milch schießt ein". Das ist auch der Grund, warum eine Milchkuh jeden Tag gemolken werden muss – ist das Euter prall mit Milch gefüllt, entleert es sich nicht von selbst. Ohne Melken hätte die Kuh dann enorme Schmerzen, denn die Milchproduktion läuft ja immer weiter und das Euter wird voller und voller.

Selber melken

Nun weißt du auch, was du beim Melken tun musst: ein saugendes Kälbchen spielen. Keine Angst, du musst nicht an den Zitzen einer Kuh saugen. Dennoch klingt melken einfacher als es ist, denn ein bisschen quetschen und drücken reicht nicht. Um richtig melken zu können, brauchst du ein wenig Übung.

So geht's:

- ✗ Setz dich auf einen Melkschemel neben das Euter.
- ✗ Nimm mit jeder Hand eine Zitze. Umschließe dabei den körpernahen Teil der Zitze mit Daumen und Zeigefinger, die du zu einem Ring formst.
- ✗ Schließe dann nacheinander Mittel-, Ring- und den kleinen Finger in einer flüssigen Bewegungsabfolge zu einer Faust, sodass die Zitze einen Impuls bekommt, die Milch ausfließen zu lassen.
- ✗ Wiederhole diesen Vorgang fortlaufend.

Wichtig!

Wenn eine Kuh unter Stress steht, etwa weil du sie mit heftigen Bewegungen oder lautem Schreien erschreckst, kann sie keine Milch geben. Dann bewirken Hormone, dass die Milch nicht in die Zitzen fließen kann.

Schon gewusst?

Eine Person, die Erfahrung im Melken hat, braucht etwa 1 Minute für 1 Liter Milch. Nicht nur Kühe werden gemolken, sondern auch Ziegen und Schafe, in der Mongolei sogar Stuten (weibliche Pferde). Ziegen- und Schafmilch ist für Menschen bekömmlicher als Kuhmilch, manche empfindliche Menschen können sogar nur diese Milch trinken.

Im Freien kochen

Wie du ein Feuer machst, hast du schon auf den Seiten 22–27 erfahren. Da gekochte Nahrung sehr viel bekömmlicher ist als rohe, kommst du auf längeren Touren nicht umhin, auch mal auf dem Feuer zu kochen. Am einfachsten ist das Grillen.

Am Feuer grillen

An den Rand des Feuers legst du in Alufolie eingewickelte Kartoffeln, Zwiebeln und Maiskolben, die auf diese Weise langsam vor sich hin garen. Wenn du das Ende eines dünnen, langen, entrindeten Stocks mit dem Taschenmesser anspitzt, kannst du darauf Würstchen, Brotscheiben, Äpfel, Marshmallows und vieles mehr aufspießen und über der Glut grillen. Aus Stockbrotteig rollst du eine Wurst, wickelst sie um den Stock und grillst sie ebenfalls am Feuer.

Kochen auf heißen Steinen

Wenn du in das Feuer ein paar größere Steine so hineinlegst, dass sie eine einigermaßen ebene Fläche bilden, hast du fast eine richtige Kochstelle. Die Steine werden durch das Feuer sehr heiß (Achtung, nicht anfassen – Verbrennungsgefahr!) und dienen als Kochplatte, wenn das Feuer heruntergebrannt ist und nur noch glüht. In einem feuerfesten Topf kannst du Nudeln (dazu fertige grüne oder rote Pestosoße), eine deftige Suppe oder Maiskolben kochen.

Dünnes Fladenbrot aus Stockbrotteig kannst du direkt auf einem großen, flachen heißen Stein backen, den du zuvor von Sand und Erde befreit hast. Bestreichst du den Teig mit fertiger Tomatensoße und belegst ihn mit Schinken, Salami und Käse, hast du eine Pizza à la Natur. Auf dem heißen Stein gelingen auch Schaschlikspieße: Dazu spießt du auf längere Holzstäbchen nach Belieben verschiedenes Gemüse (Zwiebeln, Paprika, Zucchini, Champignons), Würstchen oder Fleischstücke, die du vor dem Grillen mit Salz und Pfeffer würzt.

Mit den Fingern essen

Geschirrspülen ist in der freien Natur ziemlich lästig – und ungespült kannst du Teller, Becher und Töpfe nicht einfach so herumstehen lassen, weil sie Unmengen an Insekten, aber auch Schleckermäulchen wie den Igel anziehen. Darum ist es am einfachsten, wenn du so viel wie möglich mit den Fingern isst. Mit ein bisschen Übung geht das immer besser – selbst zum Soßen essen brauchst du keinen Löffel, wenn du sie mit Brot oder zerdrückten Kartoffeln aufsaugst.

Checkliste Küchensachen

- ✗ Geschirr (Teller, Becher) und Besteck (Messer, Gabel, Löffel) aus Kunststoff oder Metall (kein Einweggeschirr bzw. -besteck)
- ✗ Taschenmesser mit Dosenöffner (zu Hause üben!)
- ✗ Topf
- ✗ Salz, Pfeffer, Zucker
- ✗ Päckchensuppen, Suppenwürfel
- ✗ Teebeutel (dein Lieblingstee)
- ✗ biologisch abbaubares Spülmittel
- ✗ Plastiktüten für den Abfall

FINNs TIPP!

Teig für Stockbrot

Knete 500 g Mehl mit 250 ml Wasser, einem halben Teelöffel Salz und 1 Päckchen Trockenhefe zu einem Teig, den du mehrere Stunden gehen lässt. Noch einmal durchkneten – fertig! Würziger wird das Stockbrot, wenn du noch etwas Pizzagewürz zufügst; ein Esslöffel Olivenöl macht es knuspriger. Süß wird der Teig, wenn du noch einige Esslöffel Zucker hinzufügst – oder zum frisch gebackenen Stockbrot Marmelade, Apfelmus oder Nuss-Nougat-Creme isst.

Essbare Wildfrüchte und Wildpflanzen

Essbare Wildpflanzen

Früher, als es noch keine Supermärkte und Lebensmittelläden gab, haben die Menschen die heimischen Wildpflanzen genau gekannt. Sie wussten, welche Blätter, Blüten, Wurzeln, Nüsse und Früchte essbar sind und welche nicht. Sie kannten auch die Heilkraft verschiedener Pflanzen, denn damals gab es auch keine Apotheken. Dieses uralte Wissen ist den meisten Menschen verloren gegangen – vermutlich kannst auch du höchstens eine Handvoll Pflanzen beim Namen nennen und weißt vermutlich noch nicht mal, ob sie ungiftig oder giftig sind. Darum ist es gefährlich, in der freien Natur einfach so irgendwelche Blätter zu einem Salat zu verarbeiten oder leckere Beeren zu essen!

Bevor du dich im Garten Natur bedienst, musst du die Pflanzen richtig kennenlernen! Denn es gilt stets: Du darfst nur die essbaren Wildpflanzen naschen, die du wirklich ganz genau kennst! Himbeeren und Brombeeren gehören ebenso dazu wie Haselnüsse oder Walderdbeeren. Auch Löwenzahn und Brennnesseln sind leicht und eindeutig von anderen Pflanzen zu unterscheiden – zur Not genügt bei Letzteren ein Brenn-Test. Aus ihren Blättern kannst du ein Wildgemüse wie Spinat oder einen Salat zubereiten. Am besten schmecken immer die ganz jungen Pflanzen oder die Blätter an den Stängelenden.

Wildpflanzen sammeln

Du sammelst diese Pflanzen am besten am Waldrand, auf einer Waldlichtung oder an einem Wiesenhang. Dort ist die Gefahr nicht so groß, dass die Pflanzen mit giftigen Pflanzenschutzmitteln oder Düngern (Jauche) gespritzt wurden. Am Straßen- oder Wegrand, auf Bahndämmen oder auf frisch gedüngten Wiesen solltest du keine Pflanzen zum Essen pflücken – dort sind die Blätter häufig verschmutzt oder kamen mit Kot (von Hunden, Pferden, Kühen etc.) in Kontakt.

Wichtig!

Da es viele auch tödlich giftige Doppelgänger zu den essbaren Arten gibt, die häufig nur Fachleute auseinanderhalten können, solltest du in der freien Natur keine Pilze pflücken!

Essbare Wildfrüchte

Diese Wildfrüchte kannst du essen:

braun: Mispel, Haselnuss, Esskastanien

gelb-rot: Wildapfel

orange: Sanddorn

rot: Rote Johannisbeere, Himbeere, Kornelkirsche, Weißdorn, Berberitze, Preiselbeere, Walderdbeere

blau: Heidelbeere, Felsenbirne, Brombeere, Schwarze Johannisbeere, Schlehe

Haselnuss

Esskastanie

Himbeere

Walderdbeere

Heidelbeere

Brombeere

Achtung giftig!

Diese Wildfrüchte sind giftig oder ungenießbar:

weiß: Mistel, Schneebeere

rot: Schneeball-Arten, Rote Heckenkirsche, Pfaffenhütchen, Stechpalme, Seidelbast, Bittersüßer Nachtschatten

blau: Liguster, Wilder Wein, Roter Hartriegel, Kreuzdorn, Efeu, Schneeball-Arten, Faulbaum, Blaue Heckenkirsche, Tollkirsche

Auch von Früchten, die nach Mandeln oder Pfirsich riechen, lässt du besser die Finger: Sie können giftige Blausäure enthalten.

GIFTIG

Tollkirsche

Survival-Nahrung im Notfall

Das kannst du bei uns in der freien Natur essen:

- ✗ Nur solche essbaren Beeren, Nüsse und Früchte, die du genau kennst!
- ✗ Saubere Blätter von Brennnesseln, Giersch und Löwenzahn, als Salat oder gekocht
- ✗ Alle Vogeleier gekocht, als Rühr- oder Spiegelei
- ✗ Regenwürmer, Gehäuseschnecken, Spinnen, Fische (nur gekocht)

Schon gewusst?

Brennnesseln schmerzfrei ernten:

Das geht am besten mit Handschuhen oder wenn du die Pflanzen von unten nach oben anfasst. Dann legen sich die Brennhaare der Pflanze an und können nicht abbrechen. Beim Verspeisen musst du keine Angst vor den Brennhaaren haben – sie werden beim Mischen und durch Kontakt mit Flüssigkeiten (Soßen) zerstört.

Vorräte aufbewahren und vor Wildtieren schützen

Nahrung aufbewahren

Wenn du in der freien Natur unterwegs bist, hast du weder einen Kühlschrank noch einen verschließbaren Vorratsschrank dabei. Ohne Kühlung können manche Nahrungsmittel wie Wurst, Fleisch oder Käse schneller verderben – über Brot, Kekse und Süßigkeiten fallen gern Ameisen her und in der nicht richtig verschlossenen Limoflasche baden Wespen. Damit dir das nicht passiert, solltest du einiges im Umgang mit Speisen und Getränken beachten.

Vor Insekten schützen

Unter den Insekten gibt es viele, die deine Vorräte gern als Nahrungsquelle annehmen. Dazu gehören Ameisen, Wespen und Bienen sowie Fliegen. Während Ameisen einfach lästig sind und in kurzer Zeit ziemlich viel von deiner Nahrung „entführen“ und Bienen sowie Wespen schmerzhaft stechen können, sind Fliegen tatsächlich ein Problem: Sie laufen auch auf Kadavern und Tierkot herum (wo sie ihre Eier ablegen) und putzen sich natürlich nicht die Füße, bevor sie auf deinem Essen landen. Dabei können sie krankmachende Keime übertragen. Darum solltest du verhindern, dass Fliegen über dein Essen marschieren.

Deine Vorräte sicherst du am besten vor diesen Insekten, indem du sie in einem feinmaschigen Gewebenetz aufbewahrst. Binde das Netz oben zu und hänge es an einen schattigen Ast.

FINNs  TIPP!

Einen Kühlschrank bauen

Die einfachste Art, Speisen und Getränke zu kühlen ist die: Du wickelst ein feuchtes bis nasses Tuch um das zu kühlende Gut. Beim Verdunsten von Wasser entsteht Kälte, die die Gefäße und Lebensmittel kühlen. Halte das Tuch stets gut feucht.

Auch in einer Höhle oder einem tiefen, selbstgegrabenen Loch ist es kühler als an der Erdoberfläche. Flaschen, geschlossene Dosen oder dicht verschließbare Behälter kannst du zum Kühlen auch in einen Eimer mit Wasser oder in ein flaches Gewässer (natürlich mit einer Schnur irgendwo festgebunden, damit nichts wegtreibt) legen.

Waschbärsicher aufhängen

Bei uns gibt es zwar so gut wie keine Bären, dafür aber genügend andere große Tiere, die sich gern über offen herumliegende Nahrungsmittel hermachen: Igel schlecken nachts mit lautem Schmatzen Essensreste auf nicht weggeräumten Tellern auf, streunende Hunde, Waschbären (ja, die gibt es tatsächlich wild bei uns!) und andere Tiere reißen auch schon mal verführerisch duftende Mülltüten auf. Das alles solltest du vermeiden, denn größere Tiere können dich auch mal angreifen, wenn du sie vom Räubern abhalten willst.

Bewahre geöffnete Lebensmittel stets in gut verschlossenen Plastikbeuteln auf. So verströmen sie keinen Geruch für die feinen Tiernasen. Nachts bewahrst du die Vorräte, natürlich in geruchsdichten Tüten, in deinem Zelt auf. Übernachtest du im Freien, so packe die Nahrungsmittel in eine Tasche. Binde die Tasche zu und hänge sie mithilfe einer langen, stabilen Schnur hoch in einem Baum auf – am besten etwas entfernt von deinem Schlafplatz. Sichere die Schnur an einem Baumstamm, damit die schwere Lebensmitteltasche im Baum hängen bleibt.

Extra-Tipp

Robuste Früchte wählen
Da viele Obstsorten sehr druckempfindlich sind und leicht schimmeln, solltest du nur recht robuste Früchte mitnehmen. Das sind zum Beispiel Äpfel, hartfleischige Birnen, Ananas und Orangen. Oder du verzichtest auf frisches Obst und nimmst stattdessen Trockenfrüchte mit: Getrocknete Aprikosen, Trauben oder Pflaumen schmecken lecker und sind gut für deine Verdauung.

Unterschlupf bauen

Manchmal brauchst du draußen einen Unterschlupf – vielleicht wirst du von schlechtem Wetter überrascht und kannst nicht weitergehen, vielleicht hast du dich verlaufen und bist nicht sicher, ob du am helllichten Tag noch gefunden wirst oder vielleicht hat sich dein Freund oder deine Freundin verletzt und ihr müsst auf Hilfe warten. In einem Unterschlupf bist du vor Regen, Schnee und Wind geschützt – und auch ein wenig vor Kälte.

Zuallererst: einen natürlichen Unterschlupf suchen

Bevor du beginnst, ein Dach, Tipi oder Ähnliches zu bauen, schau dich erst mal in der näheren Umgebung um: Vielleicht findest du ja ein dichtes, dornenfreies Gebüsch, einen Baum mit tief und weit überhängenden Ästen, eine Höhle oder eine weit überstehende Felswand. Dann ist das dein Unterschlupf! Wenn dieser zur Wetterseite (Westen bis Nordwesten) hin offen ist, baust du dort ein Baum-Tipi (siehe Seite 49) als Wind- und Regenschutz.

Selber bauen ist angesagt

Hast du kein Zelt dabei und findest du keinen natürlichen Schutz, baust du dir deinen Unterstand einfach selbst Suche zuerst nach einem passenden Lagerplatz. Was du dabei beachten musst, erfährst du ab Seite 58!

Wichtig!

Bei Beginn der Dämmerung muss dein Unterschlupf für die Nacht fertig sein, wenn du dich nicht in Gefahr bringen willst!

Ein paar Regeln gelten für jede Art von „Dach überm Kopf", egal ob Zelt oder Unterschlupf Marke Eigenbau:

- ✗ Achte darauf, dass du den Eingang bzw. die Öffnung nach Südosten ausrichtest. Von dort ist am wenigsten mit schlechtem Wetter zu rechnen.
- ✗ Wenn du mit Regen rechnen musst, ist es günstig, wenn du unter dein Zelt oder deinen Unterschlupf eine Plane auf den Boden legst. Dann kann nicht so schnell Feuchtigkeit aus dem Erdreich eindringen.
- ✗ Beginne tagsüber rechtzeitig mit dem Bau, denn das Suchen von passenden Ästen, Zweigen, Laub, Gras und Moos, der Bau und das Einrichten für die Nacht dauert einige Stunden.

Ein Tipi bauen

So baust du ein Tipi

Aus jedem Western kennst du sie: die Tipis, manchmal auch Wigwams genannt. Für die nordamerikanischen Urvölker waren diese Art Zelte praktisch, denn sie konnten in kurzer Zeit auf- und abgebaut werden. Die benötigten Materialien – lange Holzstangen und Tierhäute zum Bespannen – konnten sie zudem leicht auf den langen Wanderungen transportieren.

Das brauchst du zum Tipi-Bau

Um ein Tipi zu bauen, brauchst du mindestens sechs lange Holzstangen, die mindestens 2 m lang sein sollten – das ist so lang wie ein sehr großer Mann. Ein Tipi hat bei dieser Stangenlänge eine Grundfläche mit einem Durchmesser von ungefähr 1,2 m. Brauchst du mehr Platz, dann müssen die Stangen länger sein.

Nun legst du die Stangen so nebeneinander auf den Boden, dass die Enden bündig sind. Mit einem Seil bindest du die Stangen etwa 20 cm vom Ende entfernt zusammen – am besten mit dem Dreibundknoten (siehe Seite 49) – und stellst sie wie ein Tipi auf: Das zusammengebundene Ende gehört nach oben. Stangen gleichmäßig auseinanderziehen, die Enden leicht in den Boden drücken und die Zwischenräume mit langen, beblätterten Ästen abdichten (Eingang nicht vergessen!) – fertig ist dein Tipi. Um es regendicht zu machen, brauchst du eine große Plane. Diese legst du um das Gestell und bindest sie mit Schnüren fest.

Ein Baum-Tipi

Noch einfacher ist das Baum-Tipi: Nimm ein paar längere Holzstangen oder gerade Äste und lehne sie im Halbkreis an einen Baumstamm. Du kannst auch einen mindestens 3 m langen stabilen Ast mit einer Astgabel in Schulterhöhe an einen Baumstamm lehnen. Dann stellst du stabile, gerade Äste in steilem Winkel schräg daran und verbindest sie mit Querästen und Schnüren.

Die Zwischenräume deines Baum-Tipis dichtest du genauso ab wie beim „richtigen" Tipi – mit beblätterten Ästen oder regendicht mit einer Plane.

Spiel-Tipi im Garten

Du kannst dein Tipi aus langen Holzstangen den Sommer über im Garten lassen und hast stets einen prima Ort für deine Erkundungen oder eine Nacht im Freien. Dann kannst du dir von den Pflanzen beim Begrünen helfen lassen: Stecke in die Erde um jede Stange ein paar Samen von rankender Kapuzinerkresse, Schwarzäugiger Susanne oder Glockenrebe. Das sind schnellwachsende Rankpflanzen, die im Laufe des Sommers dein Tipi blickdicht bewachsen.

FINNs TIPP!

Der Dreibundknoten

Damit du die Stangen für dein Tipi x-förmig auseinanderziehen kannst, knotest du sie am besten mit dem sogenannten Dreibundknoten zusammen. Dazu knotest du die Schnur zunächst etwa 20 cm vom Ende entfernt um eine Stange fest. Dann nimmst du eine zweite Stange hinzu und umwickelst beide etwa 3 cm lang mit der Schnur. Dabei darf sich die Schnur nicht überkreuzen, sondern soll schön nebeneinander liegen. Nun wickelst du die Schnur zwischen den beiden Stangen mehrmals um die gewickelte Schnur und befestigst das Ende an einer der Stangen.

Ein Zelt aus einer Plane bauen

Einfach: ein Zelt aus einer Plane

Folien und Planen sind regendicht und eignen sich als ideale Überdachung für deinen Unterschlupf, wenn es regnen könnte. Auf deinen Outdoor-Touren solltest du deshalb stets eine Plane (z.B. 2 x 3 m) aus dem Baumarkt mitnehmen. Alternativ kannst du dir auch in einem Geschäft mit Outdoor- und Campingzubehör eine ultraleichte Zeltplane (Tarp) mit Ösen oder Abspannpunkten plus Fallschirmleine und Heringen kaufen. Planen aus dem Baumarkt sind schwerer und sperriger, dafür aber sehr viel günstiger als das Spezial-Tarp.

Um aus einer Folie oder Plane einen einfachen Unterschlupf zu machen, brauchst du nur einen dicken, gesunden Ast, der in etwa 60–80 cm Höhe aus dem Stamm herausragt. Die Plane/Folie legst du wie ein Zeltdach über den Ast – verwendest du Folie, musst du beim Auslegen besonders vorsichtig sein, damit sie nicht reißt oder Löcher bekommt. Beschwere den Rand der Plane/Folie am Boden mit Steinen oder dicken Aststücken, damit dein Zeltdach nicht beim leichtesten Windhauch davongeweht wird. Eine Zeltplane kannst du wie ein Zelt mit Leinen und Heringen am Boden befestigen.

Rahmen für ein Planenzelt

Wenn du keinen solchen niedrigen Ast findest, musst du dir einen Rahmen für deinen Planen-Unterschlupf bauen: Das kann ein Tipi oder Baum-Tipi sein (siehe Seite 48 bzw. 49). Oder du bindest aus einem sehr langen, geraden Ast (Länge mindestens 2 m) und zwei kurzen Ästen (Länge mindestens 1,2 m) einen Rahmen. Dazu verbindest du die Äste mit dem Dreibundknoten von Seite 49, ziehst die Äste x-förmig auseinander und stellst sie im Dreieck auf: So bekommst du einen langen, schmalen Unterschlupf, in dem du sogar schlafen kannst. Nun musst du nur noch die Plane über den Rahmen legen und am Boden mit Steinen sichern.

Bist du mit dem Boot unterwegs, kann dir auch dieses als Rahmen für deinen Unterschlupf dienen.

Bei solch niedrigen Verstecken ist es günstig, wenn du den Boden herrichtest, bevor du das Dach baust – ohne Dach kommst du einfach besser überall hin. Ist es sehr feucht, solltest du zunächst eine Plane auslegen. Dann bedeckst du den Boden oder die Bodenplane mit weichen Blättern, Moos und Gras.

Notunterkunft bei einem plötzlichen Regenguss

In vielen Möbelgeschäften gibt es große, stabile Taschen aus Planenmaterial mit einem eckigen Boden zu kaufen. Sie ergeben eine prima Notunterkunft, wenn du von starkem Regen überrascht wirst. Suche dazu einen geschützten Platz auf, gehe in die Hocke (deinen Rücken drehst du dorthin, wo der Regen herkommt) und stülpe das Taschenzelt wie eine Kapuze und Regenmantel über deinen Körper. Achte darauf, dass dein Gesicht frei bleibt und verwende niemals eine herkömmliche Plastiktüte!

So eine große Planentasche ist bei Outdoor-Touren sehr praktisch: Sie ist leicht, klein zusammenfaltbar und sehr stabil. Du kannst sie als Unterlage für deinen Schlafplatz verwenden, nachts dein Gepäck darin vor Feuchtigkeit schützen oder in der Tasche Laub, Moos und Gras für dein Bett sammeln. Ist es nass, kannst du dich auf diese Tasche setzen und bekommst keinen nassen Po. An heißen Tagen lässt sie sich sogar in einen Kühlschrank verwandeln: Dazu gibst du die zu kühlenden Getränke in die Tasche, bindest sie an den Griffen zu und legst sie in ein Gewässer – natürlich festgebunden an einem Baum oder Ähnlichem am Ufer.

Ein Lager bauen

Ein weiches Lager bauen

Zu einem echten Outdoor-Erlebnis gehört ein Lager im Freien, auch wenn du nicht draußen übernachtest. Das Lager ist sozusagen dein Zuhause in der Natur. Wenn du dir eines eingerichtet hast, wirst du bald spüren, wie toll es ist, auch in der Wildnis einen Ort zu haben, an dem du „wohnst". Jedes Mal, wenn du in deinem Lager bist, ist es ein bisschen so, als ob du nach Hause kommst. Mit einem eigenen Lager kommt dir die Umgebung auch viel vertrauter vor und du fühlst dich als Teil der heimischen Natur mit ihren Tieren, Bäumen und Pflanzen.

Welche Materialien sind geeignet?

Mit welchen Materialien du dein Lager bauen kannst, hängt hauptsächlich von der Umgebung ab. Im Wald oder in Waldesnähe nimmst du für dein Lager herumliegende Hölzer, Äste und Zweige. Damit dickere Äste nicht wegrollen oder auseinanderrutschen, wenn du dich auf dein Lager setzt, schlägst du an den Enden Holzpflöcke in den Boden. Mit Fichtenzweigen, Laub, Moos und Gras baust du eine weiche Auflage zum Ruhen oder Schlafen.

Bist du in einer Wiesen- und Feldlandschaft unterwegs, so suche für dein Lager Gebüsche oder zusammenstehende Bäume und Sträucher auf. Größere Äste und Hölzer wirst du dort weniger finden. Deshalb sammle zuerst möglichst viel trockenes Geäst – je dicker, desto besser: Daraus entsteht die unterste Schicht. Diese elastische Schicht darf ruhig schön dick sein, 20 oder 40 cm sind völlig okay. Darauf kommt eine Schicht aus frischen Ästen, Heu, Wiesenpflanzen, Gras und Laub. Damit dein Bett gut die Kälte aus dem Boden abhält, muss es mindestens 10 cm dick sein, wenn du darauf liegst! Probiere das beim Bauen aus und bessere zu dünne Stellen aus.

Wichtig!

Dornige oder stachelige Äste haben in deinem Lager nichts zu suchen, ebenso Früchte und andere saftige Naturfundstücke.

Auch für dein Lager ist es günstig, wenn du eine Plane unter die unterste Schicht legst. Dann werden die Äste nicht von unten nass. Mit der Plane kannst du auch auf einfache Weise Laub, Heu, Gras und andere Materialien zu deinem Lager transportieren. Doch denk dran: Wenn du dein Lager abbaust – und selbst, wenn du dies erst nach Monaten tust – musst du die Plane wieder mit nach Hause nehmen, da sie der Natur sonst schadet!

Ein schnelles Bett: Hängematte

Eine Hängematte, zwei starke Bäume oder Pfosten – fertig ist dein Bett. Eine Hängematte ist auch als Lager geeignet. Ihr Vorteil: Sie wird niemals von unten her nass – und sie ist transportabel. Ohne mühsames Heranschleppen von Ästen, Laub und Moos hängt dein Lager mit den richtigen Knoten (Rundtörn mit Schlägen, siehe Seite 19) befestigt am Baum und wartet nur darauf, dass du es dir gemütlich machst.

Extra-Tipp

In Outdoor-Läden gibt es sogar Hängemattenzelte. Diese haben auch ein Moskitonetz und ein Überdach und sind prima als Lager und zum Übernachten draußen geeignet.

Einen Iglu bauen

Von den Inuit lernen

Auf Grönland lernen die Kinder nicht nur Rechnen, Schreiben und Lesen in der Schule, sondern auch das Iglu-Bauen. Zwar leben die meisten Inuit (so heißen die ursprünglichen Völker dort) heute in Siedlungshäusern und Holzhütten, aber zum Überleben draußen ist ein Iglu äußerst wichtig – zum Beispiel wenn die Menschen von einem Schneesturm überrascht werden. Iglu heißt auf Deutsch: Wohnung. Wir verstehen darunter ein kuppelförmiges Schneehaus.

Ein Iglu bauen

Auch ohne Schneestürme geht von einem Iglu ein besonderer Reiz aus – darum warte auf den nächsten Schnee (du brauchst viel Schnee) und dann wird gebaut. Das geht mit dicken Schneehandschuhen ganz einfach:

Für ein stabiles Iglu brauchst du viele rechteckige Schneeblöcke. Wenn ganz viel Schnee liegt, kannst du schuhkastengroße Blöcke aus dem Schnee schneiden. Bei wenig Schnee schiebst du ihn zu schuhkastengroßen Blöcken zusammen oder nimmst eine eckige Plastikschüssel als Förmchen für den Schnee.

Dann legst du mit den Schneeblöcken einen runden, nicht allzu großen Kreis (1–2 m im Durchmesser genügen) – das ist die unterste Schneelage deines Iglus. Nun kommt die nächste Schicht Schneeblöcke darauf, leicht versetzt nach innen – so ergibt sich von Lage zu Lage eine Kuppel, bis schließlich oben der letzte runde (!) Schneeblock das Dach verschließt.

Etwa in der vierten oder fünften Lage solltest du an ein oder zwei Fenster denken: Dazu lässt du einfach eine Lücke frei. Als „Fensterscheibe“ kannst du eine dünne Eisplatte einbauen – oder du lässt das Fenster offen.

Die Zwischenräume füllst du nun mit Schnee aus, damit kein Wind durch die Lücken pfeifen kann.

Nun schneidest du noch eine Tür in dein Iglu, hängst ein dickes Tuch davor – und schon kannst du testen, wie warm es drinnen ist.

Achtung!

Baue das Iglu nicht allein. Wenn ihr zu zweit seid, steht der Größte von euch im Iglu und setzt die Schneeblöcke von innen aufeinander. Halte dich auch niemals allein in einem Iglu auf. Sollte das Iglu einstürzen, brauchst du die Hilfe eines anderen Menschen. Schnee ist nämlich sehr schwer!

Richtig warm wird es in einem Iglu nicht und auch einen Kocher oder ein Feuer kannst du nicht brennen lassen: Dann schmilzt der Schnee und du wirst nass. Aber dafür weht in einem Iglu kein Wind und bei klarer Sternennacht kann die Wärme auch nicht entweichen. Als Wärmequelle muss deine Körperwärme ausreichen – zieh dich also richtig warm an. Wenn es sehr kalt ist, kannst du ein kleines Teelicht anzünden – das gibt schönes Licht bei Dunkelheit.

Wenn dir kalt ist, blättere auf Seite 66 in diesem Buch: Dort erfährst du, was du tun musst, um warm zu werden.

Wichtig: Möchtest du in deinem Iglu übernachten, so lege deinen dicken Schlafsack auf eine Isomatte. So kann der Schnee auf deinem Schlafplatz nicht schmelzen.

Draußen übernachten

In der freien Natur zu übernachten, ist ein ganz besonderes Abenteuer. Bei Dunkelheit herrscht draußen eine andere Welt. Das merkst du sogar in vertrauten Räumen, im dunklen Keller etwa oder nachts im Garten. Sobald deine Augen nicht mehr viel wahrnehmen können, treten andere Sinne in den Vordergrund – für die „Fernsicht“ deine Ohren, für die „Nahsicht“ deine tastenden Hände, für das sichere Umherlaufen in bekannten Räumen dein wissender Körper. Der findet auch im Dunkeln den Weg vom Bett zum Klo und zurück, ohne anzustoßen. Sich einzig auf diese Sinne zu verlassen, ist nur blinden Menschen vertraut – Sehenden ist dies fremd. Auch daher rührt die Faszination vom Übernachten in der Natur.

Wo draußen schlafen?

Wenn du noch nie außerhalb eines Gebäudes übernachtet hast, schlage für deine erste Nacht im Freien ein Zelt im Garten oder auf einem kleinen Campingplatz auf. Wähle dazu keinen großen, belebten Campingplatz, denn dort kannst du keine Wildnis und kein Abenteuer erleben. Hast du am Zelten Gefallen gefunden, schlafe in einer warmen Sommernacht unter dem freien Sternenhimmel – ohne Zelt. Was Schöneres gibt es nicht: Das Universum wirkt unendlich groß, die Sterne funkeln um die Wette und bei jeder Sternschnuppe darfst du dir was wünschen.

Wichtig!

Damit nachts die Kälte nicht in deinen Körper krabbeln kann, nimm stets eine Isomatte (oder ein selbst gebautes, hohes Gras-, Laub- oder Fichtennadelbett) als Unterlage. Dein Schlafsack sollte den herrschenden Temperaturen angepasst sein. Bei Kälte trägst du Kleidung und eine Mütze!

Extra-Tipp

Noch ein Tipp für die Nacht im Freien: Schüttele deine Schuhe und Kleidung vor dem Anziehen und deinen Schlafsack vor dem Schlafengehen aus. So bist du sicher, dass sich keine Tiere darin eingenistet haben.

Einen Lagerplatz wählen

Eine geeignete Stelle finden

Bevor du einen Unterschlupf bauen oder ein Zelt aufschlagen kannst, musst du dich nach einem geeigneten Lagerplatz umsehen. Das solltest du mit viel Bedacht tun, denn nichts ist so lästig wie nachts stets an die Behausungswand zu rollen, schlaflos wegen eines tiefen Loches im Rückenbereich zu sein oder von hereinschwappendem Wasser aufzuwachen. Willst du geruhsam schlafen, musst du bei der Wahl deines Lagerplatzes ein paar Dinge beachten.

Bei uns ist wildes Campen leider fast nirgendwo gestattet, dazu leben bei uns einfach viel zu viele Menschen. Frag am besten einen Bauern oder eine Bäuerin, ob du auf einer ihrer Wiesen lagern darfst. Biete dafür etwas Geld oder ein kleines Geschenk an. Nimm aber Rücksicht auf die Tiere, Pflanzen und Menschen und befolge strikt die Regeln für Outdoor-Abenteurer auf Seite 9. Wenn du den Lagerplatz verlässt, – egal, ob nach einer oder fünf Nächten – muss es dort so aussehen, als ob du niemals dort gewesen wärst! Unversehrt gibst du der Natur diesen Platz wieder zurück!

Der richtige Lagerplatz ...

... ist möglichst abgelegen, um andere nicht zu stören.

... ist eine freie, aussichtsreiche Fläche. Ungeeignet sind Plätze unter Bäumen (tropfendes Harz, herabfallende Pflanzenteile und morsche Äste), an steilen oder gar senkrechten Felswänden (Steinschlag), in tiefen ablauflosen Mulden sowie direkt an einem Bach oder Fluss (Überflutung).

... hat Wasser in der Nähe, z.B. einen Bach, Fluss, See oder Teich. Dort hast du genügend Wasser zum Waschen und zum Löschen deiner Feuerstelle zur Verfügung – und ein erfrischendes Bad am Morgen weckt müde Geister besonders gut.

... weist im Nordwesten einen Windschutz (Bäume, Sträucher oder Ähnliches) auf. Von dort wehen bei uns meist die Winde.

... ist frei von Stechmücken und anderen lästigen Tieren.

Den richtigen Lagerplatz findest du durch Suchen, nicht indem du die Landschaft deinen Bedürfnissen entsprechend veränderst. Halte deinen Lagerplatz so klein wie möglich.

Sicherheitsabstand halten

Bietet sich als Lagerplatz nur der Fuß einer Felswand an, dann halte mindestens 10 m Abstand. Ist die Wand 100 m und höher, musst du mindestens 50 m Abstand halten.

Auch zu einem Fluss oder Bach solltest du ausreichend Sicherheitsabstand halten, denn nach einem heftigen Regen (der auch unbemerkt von dir in einiger Entfernung fallen könnte), kann ein Fluss bis zu 5 m pro Stunde steigen und sich in einen alles mitreißenden Strom verwandeln. Hat der Fluss eine hohe Böschung, so liegt dein Lagerplatz dort oben! Ansonsten halte, auch wegen der empfindlichen Wassertiere, 60 m Abstand zu Gewässerufern.

Wichtig!

Meide bei Gewittern erhöhte Plätze!

So viel Zeit brauchst du

Plane für den Aufbau eines Zeltlagers zwei bis drei Stunden ein. Wenn du noch einen Unterschlupf bauen willst, rechne nochmals ein bis zwei Stunden für die Suche nach Materialien dazu. Möchtest du bei Dunkelheit fertig sein, musst du rechtzeitig beginnen. Als Erstes wird immer die Unterkunft für die Nacht gebaut, dann Feuerholz gesammelt (wenn du ein Lagerfeuer machen darfst).

Den besten Platz zum Schlafen finden

So findest du den optimalen Platz für dein Nachtlager

Wenn du den bestmöglichen Lagerplatz gefunden hast, musst du noch entscheiden, wo Zelt oder Unterschlupf stehen sollen. Dazu musst du dir zuerst den Boden anschauen – er sollte trocken, eben, weich und dennoch fest genug für Heringe, ohne Mulden, Löcher und Hügel sein. Dann schaue nach oben: Dort dürfen keine morschen Äste oder eine steile Felswand sein.

Dann heißt es Probeliegen: Leg dich dazu einfach auf die Stelle, wo du nächtigen möchtest und prüfe: Ist es dort auch wirklich bequem? Ragen keine Steine oder Felsen heraus? Rollst du nicht zur Seite und rutschst weder hoch noch runter? Ist die Fläche ganz glatt? Wenn nein – weitersuchen! Wenn ja – dann kannst du dein Nachtlager aufbauen. Wie das geht, hast du im vorherigen Kapitel gelesen.

Baue Zelt oder Unterschlupf so auf, dass die Öffnung nach Südosten weist. Von dort ist am wenigsten mit schlechtem Wetter und Wind zu rechnen. Bleibst du länger und gibt es keine Klos, wird eine Toilette gebaut (siehe Seite 63) – und wenn erlaubt auch eine Feuerstelle. Die Vorräte hängst du etwas entfernt von Zelt oder Unterschlupf auf (siehe Seite 45). Dort befindet sich auch der stets verschlossene Müllbeutel (der z.B. in einem Faltbehälter für Gartenabfälle steckt).

Schläfst du unter freiem Himmel, so lege ein paar Steine an die Seiten und das Fußende deiner Isomatte: So kannst du im Schlaf nicht wegrollen.

FINNs TIPP!

Ein Versteck zum Tiere beobachten

Aus einem halbrunden Sonnenschutzsegel mit Gestänge („Strandmuschel"), das du mit einer Plane/Tuch in unauffällig grünen oder bräunlichen Farben abdeckst, kannst du ein perfektes Beobachtungsversteck bauen. In die Abdekkung schneidest du mehrere Löcher mit jeweils Augenabstand zum Hinausgucken. Halte zu Nestern mit brütenden oder fütternden Vogeleltern mehrere Meter Abstand, damit sie sich nicht gestört fühlen. Lass das Versteck mehrere Tage am selben Ort stehen, damit sich die Tiere dran gewöhnen.

Nun brauchst du nur noch Geduld. Jägerinnen und Jäger oder Tierfotografen und -fotografinnen zum Beispiel beziehen ihr Versteck ganz heimlich und warten so lange geduldig und leise darauf, bis die Tiere erscheinen.

So tarnst du deinen Lagerplatz

Wenn du draußen in der Natur lagerst, bist du Teil der Natur. Und so wie Vögel ihre Nester möglichst versteckt ins Geäst bauen und die Eingänge zu Fuchsbauten im Verborgenen liegen, so sollte sich auch dein Lagerplatz gut in die natürliche Umgebung einfügen. Nur im Notfall musst du gut sichtbar sein – dann bedeckst du Zelte, Unterschlupf und Boden flächig mit deinen bunten Kleidungsstücken: Rot ist weithin sichtbar, ist aber auch die erste unter den leuchtenden Farben, die man bei einbrechender Dunkelheit nicht mehr gut sehen kann.

Ein Zelt mit olivgrünem Überzelt fällt draußen so gut wie gar nicht auf. Hast du ein buntes Zelt, so kannst du dir einen olivgrünen Überzug oder sogar ein Tarnnetz besorgen. Du musst es allerdings gut abspannen oder mit Heringen befestigen, damit es nicht weg geweht wird.

Auch mit belaubten Zweigen kannst du dein Zelt tarnen. Brich dazu aber keine frischen Äste ab, sondern nimm abgebrochene Zweige, die am Boden liegen. Bei benadelten Zweigen musst du aufpassen, denn oftmals harzen sie – das gibt klebrige Flecken, die nur schwer zu entfernen sind.

Den Lagerplatz sauber halten

So bleibt dein Lagerplatz sauber

Wie es in deinem Zimmer aussieht, ist deine Sache, doch draußen ist das anders: Die freie Natur gehört dir nicht und darum darfst du dort nicht schalten und walten, wie es dir gefällt. So wie an jedem anderen öffentlichen Ort auch, verhältst du dich draußen jederzeit so, dass du kein anderes Lebewesen (Tier, Pflanze, Mensch) störst. Das bedeutet auch, dass du deinen Lagerplatz aufräumst und sauber hältst.

Natürlich gelten draußen etwas andere Regeln als zu Hause, das macht ja auch den besonderen Reiz aus. Weil das Herbeischleppen von Wasser mühsam ist, wirst du dich nur sehr sparsam waschen. Und deine Kleidung trägst du, abgesehen von der Unterhose, oft tagelang. Das ist auch gut so, denn durch den Kontakt mit natürlichem Dreck und Schlamm härtest du deinen Körper ab.

Abfälle

Achte schon beim Packen darauf, dass du möglichst wenig Verpackungen und Ähnliches mitnimmst, was während der Tour als Müll anfällt. Packe belegte Brote in Papiertüten (die du verbrennen kannst) oder Brotdosen (die du wiederverwenden kannst). Denn es gilt: Alles, was du mitgebracht hast, nimmst du wieder mit nach Hause.

Lass Essensreste niemals draußen. Entweder du packst sie in einen dichten Müllbeutel (den du stets verschlossen hältst) oder vergräbst sie im Erdreich.

Findest du draußen Abfälle von anderen Menschen vor, entsorge sie einfach mit!

Geschirr abwaschen

Wasch schmutziges Geschirr nicht in einem Gewässer ab. Hole Wasser in einer Schüssel und spüle dein Geschirr mindestens 60 m entfernt von Bach, Fluss, See oder Teich ab. Verwende biologisch abbaubares Spülmittel (aus dem Bioladen) in sparsamsten Mengen. Danach schüttest du das schmutzige Spülwasser großzügig über dem Boden aus.

Wenn du möglichst wenig Geschirr und Besteck schmutzig machst, musst du nur wenig spülen. Gröbere Verschmutzungen kannst du auch mit Sand lösen.

Toilette

Es ist kein Problem, wenn du unterwegs mal auf die Toilette musst: Suche dafür einen abseits von Wegen und Plätzen gelegenen Ort auf, an dem sich kein Mensch zum Ausruhen, Essen oder Zelten aufhalten würde. Für deinen Kot gräbst du ein kleines Loch, das du danach mit Erde und Laub abdeckst. Hände waschen nicht vergessen (mit Wasser aus der Trinkflasche oder an feuchtem Laub abputzen).

Bleibst du einige Tage an einem Lagerplatz oder seid ihr zu mehreren, musst du ein Toilettenloch graben. Sonst ist die Gegend um den Lagerplatz rasch voller Kot. Dazu wählst du eine Stelle, die mindestens 60 m vom Lager (sonst überfallen die Fliegen deine Nahrung) und von jeglichen Gewässern (Bach, Fluss, See, Teich) entfernt ist. Dort gräbst du ein 50–60 cm tiefes Loch in die Erde. Die ausgehobene Erde lagerst du direkt neben dem Kloloch: Nach jedem Klogang wird der Kot mit einer Lage Erde bedeckt. Wenn du dann das Lager verlässt, gibst du die restliche Erde in das Loch und deckst es bodeneben ab.

Klopapier: Verwende möglichst niemals Taschentücher oder Klopapier. Diese brauchen lange, bis sie verrottet sind. Nimm stattdessen große Blätter von ungiftigen Pflanzen, die du unterwegs schon als Vorrat einsammelst, oder Moos. Huflattichblätter sind als Klopapier spitzenmäßig geeignet – sie sind weich, ausreichend groß und wachsen am Wegrand.

Zähne putzen

Ja, ja, das muss sein. Wenn du unterwegs wenig Süßigkeiten isst, tust du schon etwas Gutes für deine Zähne. Dann kannst du z.B. statt mit einer Zahnbürste auch so lange auf einem Obstbaumzweig herumkauen, bis sich die Fasern lösen.

Haare und Körper waschen

Für das Waschen von Haaren und Körper gilt dasselbe wie fürs Geschirrabwaschen: weit genug von Gewässern entfernt und mit biologisch abbaubaren Shampoos/ Seifen in kleinsten Mengen.

Extra-Tipp

Kleidung und Schlafsack frisch halten
Das geht ganz einfach: Täglich gut ausschütteln und zwei bis drei Stunden in die Sonne legen.

Werkzeuge aus Naturmaterialien selber machen

Einfache Werkzeuge bauen

Viele Millionen Jahre lang haben die Menschen ihre Werkzeuge fürs tägliche Leben aus Naturmaterialien hergestellt, aus Steinen und Holz, aus Knochen und Horn. Erst seit Ende der Steinzeit vor ungefähr 10.000 Jahren konnten die Menschen auch Metalle verarbeiten – das ist noch gar nicht so lange her, nicht wahr?

Steinwerkzeuge

Deine Outdoor-Tour ist die richtige Gelegenheit, um wie die Menschen in der Steinzeit Werkzeuge aus Stein zu machen. Feuerstein ist dazu am besten geeignet, denn bei jedem Schlag mit einem harten Gegenstand (Steine fürs Grobe, Horn für die Feinarbeiten) erhältst du scharfe Kanten. Schon diese scharfe Steinkante ist für Vielerlei brauchbar, zum Zerteilen eines Apfels etwa oder um ein Brot mit Butter zu bestreichen. Nun stellst du aus Feuerstein mit gezielten Schlägen Klingen für scharfe Messer und Pfeilspitzen her. Damit du die Klingen in ein Aststück einpassen kannst, sollten sie einen Schaft haben. Diesen steckst du in den Astspalt und umwickelst ihn mit Schnur, Brennnesselfasern (siehe Seite 19).

Leider gibt es nicht überall Feuerstein, aber es spricht ja nichts dagegen, dass du dir eine Feuersteinknolle besorgst und auf deine Tour mitnimmst. Die Menschen in der späten Steinzeit haben sogar mit Feuersteinen gehandelt und sie gegen Getreide oder Töpferwaren getauscht.

So gehst du richtig mit einem Taschenmesser um

Ein gutes, scharfes Messer ist das wichtigste Werkzeug auf deinen Outdoor-Touren, **aber** du kannst dich und andere damit auch schwer verletzen – nämlich dann, wenn du nicht sachgemäß und aufmerksam mit dem Messer umgehst. Und draußen in der Wildnis ist der nächste Arzt womöglich weit, wenn's ganz dumm läuft, vielleicht sogar zu weit. Es gibt mittlerweile auch Taschenmesser mit angerundeter Spitze.

Beim Umgang mit einem Messer musst du ein paar Regeln beachten:

- ✗ Benutze ein Messer nur, wenn Erwachsene dabei sind und es erlaubt haben.
- ✗ Behandle das Messer mit Respekt: Es kann tödlich verletzen!
- ✗ Niemand darf sich im Bereich deines Messers aufhalten: Strecke dazu die Arme aus – das ist der Bereich, in dem nur du dich aufhältst.
- ✗ Führe beim Schneiden das Messer immer von deinem Körper weg. Schneide nach vorn in Richtung Boden oder zu einem stabilen Holzblock hin.
- ✗ Schnitze niemals auf deinem Bein!
- ✗ Lauf beim Arbeiten mit dem Messer nicht herum, sondern bleibe an einem Ort.
- ✗ Klappe das Taschenmesser sofort nach Gebrauch zusammen und lege es weg. Lass niemals ein offenes Messer herumliegen, schon gar nicht mit der Klinge nach oben.
- ✗ Kannst du das Messer nicht zusammenklappen, halte es beim Gehen stets senkrecht nach unten; dabei weist die Klinge zu dir, damit du niemanden verletzt.
- ✗ Wenn du das Messer weiterreichst, dann entweder zusammengeklappt oder so, dass der Griff zur anderen Person zeigt.
- ✗ Säubere das Messer nach dem Gebrauch sorgfältig, aber vorsichtig.

Extra-Tipp

Gute Idee: Richtet euch einen Messerarbeitsplatz ein. Nur dort wird zu vereinbarten Zeiten mit dem Messer hantiert. Alle müssen darüber informiert sein.

Wichtig!

Ritze nichts in einen lebenden Baum. Durch die Wunden können Krankheitskeime in den Baum eintreten und ihn zum Absterben bringen.

Über Nacht warm bleiben

Draußen warm bleiben

Schon tagsüber ist es ziemlich unangenehm, wenn dir kalt ist. Bei Nacht, wenn du schlafen willst, ist Kälte richtig lästig: Du bekommst kein Auge zu oder wachst ständig auf. Zunächst werden deine Finger, Zehen, Ohren und Nase kalt. Diese am weitesten außen liegenden Körperteile werden bei Kälte als Erstes mit weniger Blut versorgt. Spürst du dort die Kälte, ist das ein Alarmsignal deines Körpers: Du solltest dann für mehr Wärme zu sorgen!

Wenn dir kalt ist

... musst du dich viel bewegen: Spring auf und ab oder mache den Hampelmann (das macht warm).

... trage Zwiebellook: mehrere Kleidungsstücke, Hosen und Strümpfe übereinander (die Luft zwischen den Kleidungsstücken isoliert).

... zieh dir eine Mütze auf (über den Kopf verlierst du die meiste Wärme, trotz Haaren).

... zieh dir Handschuhe (evtl. sogar zwei Paar) und wetterfeste (wasserfeste) Schuhe an.

... und der Wind weht, ziehe unbedingt eine winddichte Jacke und Hose an (Wind kühlt den Körper enorm schnell aus).

... trink warmen Tee, am besten mit Ingwer.

... stopf dir Hosen, Ärmel und Pullover mit zerknüllten Zeitungen, Heu, Gras und Ähnlichem aus (das hält warm).

... wickle mehrere Lagen Zeitungspapier um deine Füße und zieh dann Strümpfe und (große) Schuhe an, z.B. die von deinen Eltern.

... binde dir die Ärmel- und Hosenenden zu (so kann keine Luft einströmen).

... hüll dich in eine Plane oder Rettungsdecke ein.

Warm und gemütlich schlafen

Das A und O einer erholsamen Nacht ist ein warmer Schlafsack und eine schützende Isomatte. Meist friert man nicht, weil der Schlafsack zu dünn ist, sondern die Isomatte. Mit Regenkleidung, Plastiktüten, der Rettungsdecke, Laub, Moos und anderen isolierenden Materialien kannst du für mehr Wärme sorgen.

Im Schlafsack ist dir wärmer, wenn du dich mit langen Unterhosen oder Leggings und Socken, langem Shirt oder sogar einem Fleecepulli hineinlegst. Stopf deine Tageskleidung ans Fußende und wickle notfalls deine Füße darin ein: Dann hast du nicht nur nachts mehr Wärme, auch am Morgen ist deine Kleidung nicht klamm und kalt, sondern trocken und warm. Auch eine warme Mütze solltest du aufziehen und die Schlafsackkapuze überziehen.

Ist dir dann immer noch kalt, wickle deine Jacke um deinen Körper.

Merke: Wenn du hungrig bist, wird dir schneller kalt als mit einem gesättigten Magen: Darum gehe satt (aber nicht vollgefressen) ins Bett.

Den Morgentau abhalten

Schläfst du im Freien, lege abends eine Plane über deinen Schlafsack. Sie hält den Morgentau ab. Pack deine Schuhe mit an das Fußende deines Schlafsacks (wenn sie sauber und trocken sind) oder in einen Rucksack. So sind auch sie vor dem morgendlichen Tau geschützt.

Ist es sehr kalt, kannst du über deinen Schlafsack noch einen zweiten Schlafsack ziehen, am besten einen aus Kunstfasern – dem macht Nässe nichts aus.

Gute Laune behalten mit Spielen

Zu deiner Outdoor-Tour gehören auch ein paar Spiele – schließlich bist du ja Tag und Nacht mit deinen Freundinnen und Freunden beisammen. Viele bekannte Spiele kannst du auch ganz einfach mit Fundstücken aus der Natur spielen: Steine, Zapfen oder Baumfrüchte werden zu Spielsteinen, Bocciakugeln oder Weitwurfobjekten.

Für gute Laune sorgen natürlich immer Witze, Gruselgeschichten und „Black Stories", aber garantiert auch diese Spiele:

Abenteuer-Spiel: Schnitzeljagd

Bildet zwei Gruppen. Die erste Gruppe startet mit 15 Minuten Vorsprung und hinterlässt lautlos unterwegs etwa alle 30 m ein Zeichen (Pfeil aus Streu, Blättern, Ästen) – auch Fehlspuren und Blindgänger sind erlaubt. An Kreuzungen können etwa Spuren in alle Richtungen weisen, von denen nur eine weitergeht. Die Jagd endet dort, wo sie begonnen hat oder an einem spannenden Spielort im Wald. Die zweite Gruppe folgt der Spur und trifft auf die erste Gruppe.

Statt Pfeilen können auch spannende Nachrichten oder kleine Rätselaufgaben wie bei einer Rallye hinterlassen werden. Dazu muss sich die erste Gruppe aber sicherlich einige Stunden vorbereiten.

Bewegungs-Spiel: Der umfallende Stock

Bildet einen großen Kreis. Eine Person steht in der Mitte und hält einen 50–80 cm langen Stock fest, der auf dem Boden steht. Plötzlich lässt sie den Stock los und ruft gleichzeitig den Namen einer Person aus dem Kreis. Diese muss versuchen, den Stock aufzufangen, bevor er auf dem Boden liegt. Gelingt das, darf die Person nun in der Kreismitte den Stock halten. Gelingt das nicht, geht sie in den Kreis zurück.

Geschicklichkeits-Spiel: Weitwurf

Wer kann die meisten Eicheln in einen 5–10 m entfernten Korb werfen? Stellt euch dazu hinter eine Startlinie. Nacheinander versucht nun jeder, 5–10 Eicheln, Kastanien oder Steine in den Korb zu werfen. Wer die meisten Treffer hat, gewinnt. Dann hängt ihr den Korb in einen Baum. Wer trifft nun am besten?

Habt ihr keinen Korb, könnt ihr mit dem Finger einen Kreis in den Boden zeichnen oder einen Kreis aus Steinen legen.

Geschicklichkeits-Spiel: Hindernislauf

Draußen gibt es unzählige Hindernisse wie Baumstümpfe, gefällte Baumstämme oder Sträucher, die einen einmaligen Parcours ergeben. Wählt dafür geeignete Hindernisse zum Klettern, Überspringen, (barfuß) Laufen, Hindurchkrabbeln oder Balancieren aus. Das können Baumstümpfe, kleine Kletterbäume, ein Bachlauf oder ein steiniger Pfad sein. Habt ihr ihn bewältigt, stellt ihr einen neuen Parcours zusammen. Ihr könnt auch die Zeit stoppen, die jeder für den Hindernislauf benötigt.

Nacht-Spiel: Geräusche im Dunkeln raten

Nachts hörst du besonders gut. Kannst du auch erraten, woher verschiedene Geräusche stammen? Dazu macht einer von euch ein Geräusch, das die anderen erraten müssen. Er oder sie kann z.B. einen Reißverschluss öffnen oder schließen, mit dem Fuß auf dem Boden schaben, einen Zweig über den Boden ziehen oder sich am Kopf kratzen. Sicherlich fällt dir noch viel mehr ein. Die Person, die das Geräusch erraten hat, ist als Nächstes dran und erzeugt nun ebenfalls ein Geräusch.

Gefahren meistern

In der freien Natur bist du viel sicherer als in einer menschlichen Siedlung mit schnellen Autos, elektrischen Stromleitungen oder gefährlichen Leitern! Trotzdem lauern auch in der Wildnis einige Gefahren, die du kennen solltest. Damit du von jedem Natur-Abenteuer wohlbehalten und gesund nach Hause zurückkommst, lernst du hier, wie du die Gefahren erkennst und wie du sie meisterst.

Verbünde dich mit der Angst

Meist bekommst du in gefährlichen Situationen Angst. Das ist auch gut so, denn sie ist dein wichtigster Freund, um eine Gefahrensituation zu meistern. Angst zeigt dir: Es herrscht Gefahr. Sorge für einen klaren Kopf und überlege, was zu tun ist, um die Gefahr zu bannen. Du bist stärker als die drohende Gefahr – darum nimmst du das Zepter in die Hand, nicht die Gefahr!

Um einen klaren Kopf zu bekommen, den du nun mehr als sonst brauchst, lutschst du ein Bachblüten-Notfallbonbon und konzentrierst dich zunächst nur auf das Lebensnotwendigste: Das ist einatmen – ausatmen – einatmen – ausatmen ... Mehr nicht! Das gibt dir Kraft, um die Gefahr zu meistern. Denn Hektik und Panik führen dich meist mehr in die Gefahr hinein als aus ihr heraus.

Wichtig!

Ändere bei Gefahr deinen Plan! Stell dich sofort auf die neue Situation ein und tue, was zu tun ist – und nicht das, was du dir ursprünglich vorgenommen hast!

Extra-Tipp

Was tun, wenn was Schlimmes passiert ist?

- ✗ Ruhe bewahren.
- ✗ Hilfe holen, wenn nötig: die Notrufnummer 112 wählen.
- ✗ Bei unklaren Beschwerden, starken Schmerzen oder großen Verletzungen zu Arzt oder Ärztin gehen.

Notfall: SOS und Hilfe holen

Obwohl du deine Tour gut vorbereitet hast, kann es dennoch dazu kommen, dass du Hilfe brauchst: Vielleicht bist du bei einem heftigen Regen bis auf die Haut nass geworden, vielleicht hast du dich verletzt oder findest den richtigen Weg nicht mehr. Im Notfall gilt: Bleibt stets zusammen! Nur, wenn es gar nicht anders möglich ist, dürft ihr euch trennen – etwa, um im nächstgelegenen Haus Hilfe zu holen oder auf einem höher gelegenen Platz ein Notfeuer zu entzünden. Aber auch dann sollte niemand allein weggehen oder zurückbleiben, schon gar nicht die Person, die verletzt ist oder Hilfe benötigt.

Wenn du merkst, dass ihr die Notfallsituation nicht allein bewältigen könnt, musst du sofort und schnellstens Hilfe holen.

In der Nähe von Siedlungen funktioniert meist dein Handy, sodass du deine Eltern, Verwandte oder in ganz dringenden Fällen den Notruf 112 wählen kannst. In manchen Gebieten bekommst du keinen Empfang, dein Handy zeigt aber an, dass nur „Notrufe“ möglich sind. Dann machst du eben einen Notruf, denn das Allerwichtigste bei jedem Abenteuer ist, dass du wohlbehalten nach Hause zurückkehrst.

Wichtig!

Hol im Notfall schnellstens Hilfe!!!

NOTRUF 112

Wenn du die Notfallnummer 112 wählst, wirst du Tag und Nacht sofort mit dem Rettungsdienst verbunden.

Dann machst du zu diesen Fragen klare Angaben:

Wo ist es passiert? Ort, Straße oder Ortsbeschreibung

Was ist passiert? Arm gebrochen nach Sturz, stark blutende Wunde nach Fahrradunfall, Waldbrand etc.

Wie viele Verletzte? Anzahl der verletzten Personen, ihr Alter

Wer meldet den Notfall? Nenne deinen Vornamen, Nachnamen und die Adresse, wo du wohnst

Warte auf Rückfragen! Beende niemals von dir aus das Gespräch mit der Notrufzentrale, sondern warte solange, bis diese das Gespräch beendet!

Extra-Tipp

In Kurzform solltest du dir diese fünf „W“-Wörter merken: **Wo? Was? Wie viele? Wer? Warte!**

FINNs TIPP!

SOS

So lautet das wichtigste internationale Notzeichen, das seit über 100 Jahren in der ganzen Welt gültig und bekannt ist. SOS musst du mit sichtbaren oder hörbaren Signalen senden – also mit einer Trillerpfeife oder Rufen, mit einer Taschenlampe, einem Spiegel oder Rauchzeichen von einem Feuer.

Das **SOS-Signal** geht so: kurz-kurz-kurz-lang-lang-lang-kurz-kurz-kurz. S = drei kurze Signale, O = drei lange Signale; zwischen den Buchstaben gibt es keine Pause.

SOS kommt aus dem Schiffsverkehr und heißt „Save our souls" (Rettet unsere Seelen) oder „Save our ships" (Rettet unsere Schiffe). Wenn du in den Bergen (Alpen) bist, kannst du neben dem SOS-Notzeichen auch ein zweites verwenden. Du findest es auf Seite 79.

Notzeichen geben

Andere Menschen kannst du mit Handzeichen auf deine Notsituation aufmerksam machen: An Land streckst du dazu beide Arme schräg in die Luft, sodass dein ganzer Körper ein Y bildet. Um das Signal zu verstärken, kannst du mehrmals deine ausgestreckten Arme langsam heben und senken.

Bedenke!

In den Bergen oder fern von menschlichen Siedlungen gibt es an vielen Stellen gar keinen Handyempfang, noch nicht mal einen Notruf. Dort kannst du nur durch Notzeichen auf dich aufmerksam machen, um gefunden zu werden!

Für Rettung aus der Luft, etwa einen Hubschrauber, besteht das wichtigste Notsignal aus drei Feuern, die im Dreieck mit gleich langen Seiten angelegt sind. Dazu brauchst du Platz, denn zwischen den Feuern sollte jeweils ein Abstand von 100 Schritten sein. Hast du nur wenig Platz oder nur wenig Feuerholz, so errichtest du nur ein Feuer. Dann musst du aber mit Hilfe eines Kleidungsstückes SOS-Rauchzeichen senden, sonst wird dein Feuer nicht als Notsignal erkannt. Wirf bei Tag Laub oder frisches Gras ins Feuer, damit es raucht. Mit einem Kleidungsstück kannst du dann SOS-Rauchzeichen senden.

Bei Sonnenschein kannst du mit einem Spiegel oder einem anderen glänzenden Gegenstand (Alu-Einwickelpapier von Schokolade, Dosendeckel etc.) das Notzeichen durch Reflektieren abgeben. Probiere es am besten einmal vor deiner Tour aus, z.B. wenn du das SOS-Signal an die Zimmerwand wirfst. Sei aber achtsam, damit du niemanden blendest. Sende SOS nie zum Spaß!

Was tun, wenn du dich verlaufen hast?

Du hast dich verlaufen

Das kann in unbekannten Gegenden schnell passieren, auch Erwachsenen. Bleib ganz ruhig. Wie du mit der aufkommenden Angst umgehst, steht auf Seite 71.

Versuche zunächst mit Kompass und Karte herauszufinden, wo du bist. Du kannst auch Eltern, Verwandte oder einen Freund oder eine Freundin anrufen, die dir helfen, herauszufinden, wo du bist und wohin du gehen musst. Klappt das nicht, musst du dich entscheiden: Gehst du weiter oder bleibst du dort, wo du bist?

Du gehst weiter:

Diese Möglichkeit solltest du nur ergreifen, wenn an dem Ort, an dem du bist, akute Gefahr droht. Geh auf jeden Fall vorsichtig weiter, denn du könntest dich noch mehr in Gefahr bringen. Lege eine Spur, damit du an den Ausgangspunkt zurückfinden kannst. Außerdem wissen dann andere, wohin du gegangen bist.
Diese Spur können zu Pfeilen gelegte Stöckchen oder Steine sein oder in die Büsche gehängte Stoffstreifen (opfere dazu eine gebrauchte Unterhose).

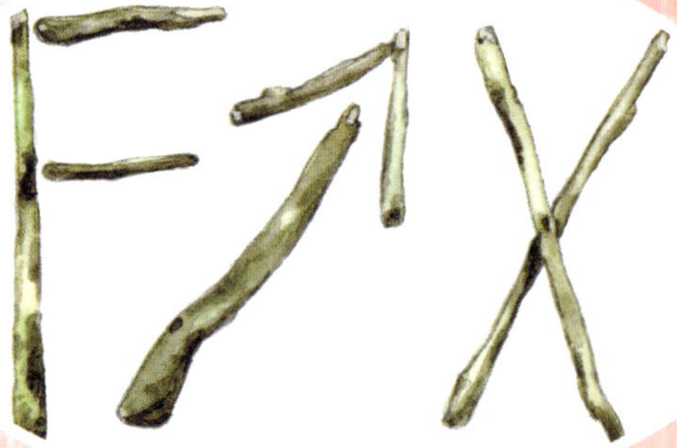

Lauf langsam und ruhig, rennen oder hetzen erhöht nur die Verletzungsgefahr und verbraucht unnötige Kräfte, die du sicherlich noch gut brauchen kannst!

Du bleibst, wo du bist:

Meist ist das die bessere Wahl. Suche einen geschützten Platz und ruf Hilfe (deine Eltern oder über Notruf 112). Dann markierst du den Ort, wo du bist, durch im Wind wehende Kleidungsstücke, ein sicheres Lagerfeuer (nicht bei Waldbrandgefahr) oder andere gut sichtbare Zeichen.

Was tun bei Hitze, Durst und Hunger?

Bei Hitze musst du viel trinken. Suche einen schattigen Platz auf und mache eine Pause. Um dich zu kühlen, kannst du auch deine Kleidung nass machen und dich dann in den Schatten oder an einen windigen Platz stellen. Mit einem Fächer (z.B. diesem Buch) wedelst du dir Wind zu – auch das kühlt herrlich!

Nimm immer genügend Trinkwasser mit! Durst ist das Zeichen deines Körpers, dass du dringend etwas trinken musst. Schau auf deiner Karte nach, ob es in der Nähe eine menschliche Siedlung oder einen sauberen Bach (Quelle) gibt. Schmutziges Wasser oder Meerwasser darfst du nicht trinken.

Wird das Wasser knapp, so trinke immer nur kleine Schlückchen. Sorge dafür, dass du so wenig Wasser wie möglich verlierst: Bleib im Schatten sitzen, sprich nur noch das Nötigste und hülle deinen ganzen Körper in Kleidung oder eine Decke ein. Atme durch ein Baumwolltuch. Ruf Hilfe (deine Eltern oder Notruf 112)!

Während der Körper eines erwachsenen Menschen nur drei Tage ohne Wasser auskommen kann, kommt er drei Wochen ohne Nahrung aus: Wenn du Hunger und nichts mehr zu essen hast, bleib ganz ruhig! Erzählt euch Witze oder Gruselgeschichten, um vom Hungergefühl abzulenken. Suche nach essbaren Wildfrüchten, aber nur solche, die du auch 100-prozentig kennst! Und begib dich zur nächsten Siedlung – dort kannst du Nahrungsmittel erstehen.

Du kannst in dein Gepäck ein paar Müsliriegel stecken, die du dir als Notration aufhebst. Das gibt ein gutes Gefühl.

Extra-Tipp

Wenn du lange nichts gegessen hast, iss erst wenig und gewöhne deinen Magen wieder an die Nahrung.

Was tun bei plötzlichem Regen, Schnee, Sturm, Dunkelheit oder Gewitter?

Du wirst von schlechtem Wetter oder Dunkelheit überrascht

Auch wenn du morgens bei schönstem Wetter gestartet bist, heißt das nicht, dass es den ganzen Tag über warm und trocken bleiben muss. Besonders in den Bergen und in Meeresnähe ist das Wetter meist sehr wechselhaft. Regen, im Winter Schnee, Nebel, Stürme können aufziehen – im Sommerhalbjahr auch Gewitter. Deshalb solltest du dich bei langen Touren stets darauf einstellen, dass das Wetter schlechter werden kann. Eine regendichte Jacke, die dich auch vor Wind schützt, gehört auf jeden Fall ins Gepäck.

Bei Regen: An kühlen Tagen wirst du rasch völlig durchnässt. Dann kühlt dein Körper aus und du kannst dich erkälten. Darum suche bei starkem Regen einen geschützten Unterstand auf und bleibe dort, bis der Regen vorbei ist. Auch im Wald bist du gut vor Regen geschützt, denn das Blätterdach ist ein natürlicher Regenschirm. Wenn dir kalt ist, packe deinen Schlafsack oder die dünne Rettungsdecke aus und kuschel dich hinein.

Bei heftigen Stürmen werden oft leichtere Gegenstände oder Dachziegel durch die Luft gewirbelt, Äste und Bäume können herabstürzen – kurz und gut: Stürmisches Wetter ist nicht geeignet zum Draußensein. Zudem kühlt der starke Wind deinen Körper aus. Darum: Geh in ein schützendes Gebäude, z.B. in eine Hütte.

Ein Gewitter zieht auf

Gewitter gehören zu den heftigsten Wetterereignissen, die wir auf der Erde kennen. Blitzeinschläge können tödlich verlaufen, aber auch Hagel, Starkregen und Sturmböen können gefährlich werden. Wenn ein Gewitter aufzieht, solltest du sicheren Schutz suchen.

Hierbei gilt:

- ✗ **Im und am Wasser:** Sehr gefährlich, verlasse schnellstmöglich das Wasser und suche Schutz.
- ✗ **Im Wald:** Relativ sicher, suche Schutz unter niedrigen Bäumen.
- ✗ **In freiem Gelände:** Gefährlich, suche eine Bodenmulde oder einen tiefer gelegenen Hohlweg auf. Leg dich auf keinen Fall flach auf den Boden und suche auch keinen Schutz unter einem allein stehenden Baum (= Anziehungspunkt für Blitze). Findest du keinen geschützten Platz, so nimm diese Haltung ein: Gehe mit geschlossenen Beinen und Füßen in die Hocke, lege deinen Kopf auf die Knie, die du eng mit den Armen umfasst und mache dich klein. Deine Hände dürfen den Boden nicht berühren. Verharre in dieser Stellung, bis das Gewitter vorbei ist. Die allermeisten Gewitter dauern höchstens 20 Minuten.
- ✗ **In den Bergen:** Gefährlich, gehe talwärts und suche Schutz (siehe auch Seite 78).

Wie nah ist das Gewitter?

Donnergrollen kannst du bis zu 18 km weit hören. Siehst du einen Blitz, so beginne sofort damit, die Sekunden bis zum Donner zu zählen. Sekunden zählst du am genauesten, wenn du langsam 21, 22, 23, 24 aufsagst oder du schaust auf eine Uhr mit Sekundenzeiger. Die gezählten Sekunden zwischen Blitz und Donner teilst du nun durch 3 (weil der Schall ungefähr 3 Sekunden für eine Strecke von 1 km braucht). Nun weißt du, wie weit das Gewitter entfernt ist. Ein Beispiel: Waren es 15 Sekunden zwischen Blitz und Donner, so ist das Gewitter noch 5 km entfernt. Ein Gewitter ist gefährlich nah, wenn du weniger als 10 Sekunden zwischen Blitz und Donner zählst.

Bei Nebel und einbrechender Dunkelheit ist die Gefahr besonders groß, dass du dich verläufst. Achte nun besonders auf den richtigen Weg – wenn du unsicher bist, rufe Hilfe. Stelle dich auch darauf ein, dass du nun eventuell draußen übernachten musst: Suche einen geeigneten Lagerplatz und bau dir ein Lager für die Nacht. Um warm zu bleiben, nimm auch die Rettungsdecke!

Gefahren in den Bergen meistern

Der Reiz von Touren in den Bergen liegt in dem mehr oder weniger steilen Gelände: Es gibt Gipfel zum erkunden, kalte Bergbäche und wunderbare Aussichten. In dem steilen Gelände liegt aber auch eine Gefahr: Du könntest abstürzen. Trag daher bei allen Bergtouren gute, stabile Wanderschuhe mit einer Profilsohle. Geh stets auf der Bergseite des Weges und halte dich von Abgründen fern.

In felsigen Gebieten musst du auch jederzeit mit Steinschlag rechnen: Auf natürliche Weise (durch die Wirkung von Frost und Eis), durch unvorsichtige Wandernde oder umherziehende Gämsen können kleine Steinchen und Felsstücke gelöst werden, die dann donnernd zu Tal fallen. Meist überraschen sie dich, wenn sie prasselnd herunterfallen. Um dich vor Steinschlag zu schützen, solltest du steile und überhängende Felswände meiden und dich auch von engen Schluchten und Rinnen fernhalten. Musst du trotzdem eine solche Passage nehmen, halte aufmerksam nach herabfallendem Geröll Ausschau. Gehe auch nie direkt unter über dir laufenden Menschen.

Wetterumschwung

In den Bergen kann sich das Wetter sehr schnell ändern: Binnen weniger Stunden kann aus einem sonnig-warmen Tag ein frostig-kalter werden. Bei Wanderungen in den Bergen musst du stets mit einem solchen Wetterumschwung rechnen, je höher umso mehr. Manchmal scheint auch unten im Tal die Sonne, während die felsigen Gipfelregionen in Wolken liegen und es dort sogar schneien kann – sogar mitten im Hochsommer!

Ein Gewitter zieht auf

Auch Gewitter sind in den Bergen sehr gefährlich, denn es gibt dort viel weniger schützende Unterschlupfmöglichkeiten. Zudem können Gewitter in den Bergen nicht so leicht abziehen wie in flacher Landschaft und kommen scheinbar aus verschiedenen Richtungen immer wieder auf dich zu. Braut sich rundum ein Gewitter zusammen, so steige nicht weiter bergauf. Brich deine Wanderung ab und gehe so schnell wie möglich talwärts. Halte dabei auch Ausschau nach einem gewittersicheren Versteck, etwa einer Höhle. Unter einem Baum bist du nicht sicher.

Wichtig!

Bevor du zu einer Bergtour aufbrichst, musst du den Wetterbericht hören. Ist schlechtes Wetter oder Gewitter vorhergesagt, verschiebe deine Tour auf einen anderen Zeitpunkt. Denn gefährliche Situationen im Gebirge werden rasch zu lebensgefährlichen Katastrophen. Was du tun musst, wenn du von schlechtem Wetter oder einem Gewitter überrascht wirst, erfährst du auf Seite 76, 77.

FINNs TIPP!

Notzeichen im Gebirge

Bist du in Not, so ist in den Bergen dieses Notzeichen üblich: Sende sechsmal alle 10 Sekunden ein hörbares oder sichtbares Signal, dann eine Minute Pause – dann wieder sechs Signale pro Minute!

Du brauchst dazu eine Uhr; ansonsten musst du bis 10 bzw. 60 zählen, um ungefähr die Dauer einer Minute zu ermitteln (eine Minute hat 60 Sekunden).

Die Signale können von einer Trillerpfeife oder Taschenlampe ausgehen, es können laute Schreie, heftige Winkbewegungen mit einem roten Pullover oder Feuer- und Rauchsignale sein. Seid ihr mehrere, so sendet gleichzeitig mehrere Signale. Wichtig ist, dass du auf dich aufmerksam machst!

Wenn deine Notzeichen gesehen wurden, antworten deine Retter oder Retterinnen mit drei Signalen pro Minute.

Lawinengefahr

Im Winter sind Lawinen die größte Gefahr. Wenn Schneemassen ins Rutschen kommen, werden sie rasch immer größer und schwerer und nehmen alles mit, was sich ihnen in den Weg stellt. Unter dem tonnenschweren Gewicht einer Lawine hast du nur wenig Überlebenschancen. Lawinen können an allen Hängen abgehen, selbst an kleinen, wenig steilen. Darum machst du im Winter am besten keine Wanderung in den verschneiten Bergen und hältst dich nur in den für den Wintersport freigegebenen Gebieten auf. Dort gibt es Lawinenwarndienste, die für die Sicherheit der Menschen sorgen.

Gefahren am Meer meistern

An den Meeresküsten wirken die Gezeiten. Bei Ebbe fallen viele Strandbereiche trocken und können leicht besucht werden. Bei Flut kommt das Meer wieder zurück und überspült Strand und Küste. Jede Ebbe und jede Flut dauert etwa sechs Stunden. Diesen natürlichen Rhythmus mit den wechselnden Wasserständen musst du stets beachten, wenn du am Meer bist. Besonders Wanderungen im Watt darfst du nur während der Ebbe machen! Sonst werden die metertiefen Wasseradern im Watt zu tödlichen Fallen. Erkundige dich vorher, wann Ebbe und Flut ist – das ist jeden Tag anders.

So schützt du dich vor Sonnenbrand und Verletzungen

Da am Meer stets ein leichter Wind geht, bekommst du die starke Sonnenstrahlung oftmals gar nicht mit. Dann ist die Gefahr groß, dass du dir einen schmerzhaften Sonnenbrand holst. Darum reibe dich gut mit Sonnenschutzcreme ein und trage T-Shirt und Sonnenhut. Auch beim Schnorcheln im Wasser solltest du ein T-Shirt anhaben, das dich vor den gefährlichen UV-Strahlen schützt.

An felsigen Küsten solltest du nicht barfuß gehen, sondern feste Schuhe tragen. Die Gefahr ist viel zu groß, dass du dich an Felskanten verletzt oder in die spitzen Stacheln eines Seeigels trittst. Auch beim Schnorcheln solltest du stets Schuhwerk tragen – Flossen, Tauchschuhe oder feste Gummisandalen sind geeignet.

Wenn du in einen Seeigel getreten bist, bleiben die langen Stacheln gern im Fuß stecken. Da sie sehr brüchig sind, brechen sie leicht ab – und lassen sich dann noch schlechter herausbekommen. Trotzdem musst du sie aber mit einer Pinzette aus deiner Fußsohle herausholen, auch wenn es richtig weh tut, denn sonst kann sich dein Fuß eitrig entzünden. Desinfiziere alle Wunden gründlich. Trägst du aber Schuhwerk und achtest auf die Seeigel, bleibt dir das erspart!

Quallen

In unseren Meeren gibt es zahlreiche Quallen, die sich mit der Strömung durchs Meer treiben lassen. Diese Tiere besitzen einen durchsichtigen Körper mit langen Tentakeln, die bei vielen Arten mit harpunenartigen Nesselzellen besetzt sind. Bei der geringsten Berührung springen die Nesselzellen auf und die Harpunen schießen hervor. So können Quallen kleine Krebse oder Fische fangen, von denen sie sich ernähren. Die Nesselzellen werden aber auch aktiviert, wenn du sie mit deiner Haut berührst. Das fühlt sich an wie ein Sonnenbrand.

Ohren-qualle

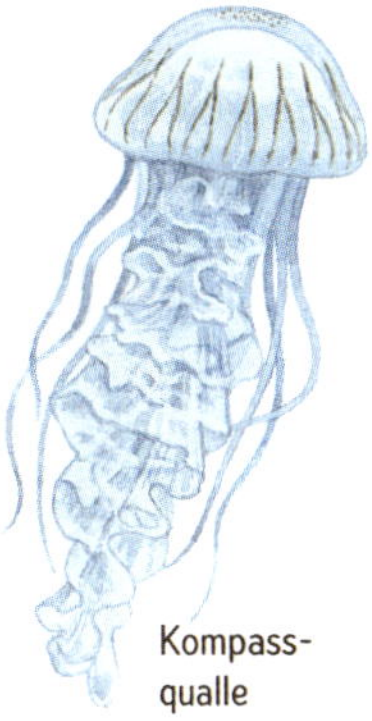

Kompass-qualle

Wurzelmund-qualle

Mit Nesselzellen besetzte Fangarme können auch im Wasser treiben, denn sie reißen bei heftigen Stürmen ab. Auch Quallen, die an den Strand gespült wurden und tot sind, können noch aktive Nesselzellen besitzen – daher solltest du Quallen nicht anfassen (es sei denn du kennst die ungiftigen Quallenarten ganz genau!).

Wenn du dich an einer Qualle verbrannt hast, fasse die Stelle nicht mit deinen Händen an. Wasche die Tentakelreste mit Meer- oder Essigwasser (nicht mit Alkohol, Süß- oder Trinkwasser) ab. Dann legst du sofort ein Papiertaschentuch oder Toilettenpapier auf die verbrannte Stelle, damit das Quallengift aufgesaugt wird. Gehe unbedingt gleich zum Arzt – Verletzungen von Quallen musst du ernst nehmen, schließlich dauert es meist Wochen, bis alles wieder verheilt ist.

Schon gewusst?

In den tropisch-warmen Meeren gibt es hochgiftige Würfelquallen, die sogar einen Menschen töten können. Sie werden auch Seewespen genannt.

Achtung, Möwenattacke!

An manchen Küstenorten sind Silbermöwen sehr aggressiv. Sie haben wenig Scheu und versuchen, Eiswaffeln und andere Nahrung aus den Händen zu klauen. Füttere darum keine Möwen, auch wenn es noch so schön ist, zu beobachten, wie geschickt sie hochgeworfene Brotstückchen auffangen. Beachte eventuell aufgestellte Warnschilder!

Waldbrand

Wenn es im Sommer lange Zeit nicht geregnet hat, sind die Gräser, Blumen und Sträucher sehr trocken. Dann genügt oft ein einziger Funke, um die trockenen Pflanzen zu entzünden. Dieser Funke kann von einer achtlos weggeworfenen Zigarettenkippe stammen oder auch von einer Glasscherbe oder einer leeren Glasflasche, die wie ein Brennglas die einfallenden Sonnenstrahlen bündelt. Die meisten Waldbrände entstehen bei uns aber durch achtlos entzündete Lager- und Grillfeuer. Wie du ein sicheres Lagerfeuer machst, erfährst du ab Seite 22.

Wenn ein Funke das Feuer entfacht hat, kann es sich an windigen Tagen oder in hohem, dürrem Gras so schnell ausbreiten, dass es nicht mehr zu löschen ist. Springt es dann von Baumkrone zu Baumkrone, so kann es sich mit 20 Stundenkilometer durch die Landschaft fressen: So schnell kannst du niemals rennen! Deshalb ist Feuer so gefährlich!

Kleine Feuer

Auch ein Lagerfeuer raucht manchmal stärker. Wenn das Lagerfeuer von Menschen beaufsichtigt wird, in einem schützenden Steinkreis brennt und derzeit keine Waldbrandgefahr herrscht, geht davon jedoch keine Gefahr aus.

Wichtig!

Bei Waldbrandgefahr gilt:

Draußen kein Feuer anmachen!

Schon gewusst?

Bei uns gibt es tatsächlich einen Käfer, der einen bis zu 80 km weit entfernten Brand wahrnimmt. Dieser Kiefernprachtkäfer besitzt feine Sinnesorgane, die sensibel auf die Wärmestrahlung eines Feuers reagieren. Dann fliegt er schnurstracks zum Feuer, um seine Eier auf dem frisch verbrannten Holz abzulegen. Forschende versuchen derzeit, diesen Brandmelder nachzubauen.

Bildquelle: Walter Müller

Was tun, wenn's brennt?

Wenn du Rauchschwaden bemerkst, es nach einem Brand riecht oder die Tiere verängstigt reagieren, musst du sofort handeln. Warte nicht ab und nimm nur das Notwendigste (Portemonnaie, Handy) mit! Möglicherweise musst du um dein Leben rennen! Kannst du den Waldbrand sogar schon hören, bist du in großer Gefahr!

Bevor du losrennst: Prüfe zuerst, aus welcher Richtung der Wind kommt. Das erkennst du daran, wohin der Rauch geweht wird oder indem du einen angefeuchteten Finger hoch hältst: So spürst du besser den Wind, der die windzugewandte Seite stärker auskühlt. Von dort kommt der Wind – er weht also in die entgegensetzte Richtung!

Ein Feuer breitet sich im Freien immer in die Richtung aus, in die der Wind weht. Man nennt das auch „mit dem Wind“. Um sicher und möglichst schnell aus dem Bereich eines sich ausbreitenden Feuers zu gelangen, solltest du schräg zu der Richtung laufen, in die der Wind weht. So entfernst du dich vom Feuer.

Keine Gefahr besteht mehr, wenn du von einer erhöhten Position aus das Feuer in der Ferne sehen kannst.

Wichtig!

Ruf die Feuerwehr an über die Notrufnummer 112!

Die Feuerwehr muss wissen :
Wo? Was? Wie viele? Wer?
(siehe auch Seite 72)

Insekten und andere Krabbeltiere

Gefährliche Tiere

Wegen des gemäßigten Klimas mit langen, kalten Wintern gibt es bei uns glücklicherweise keine Skorpione oder Pfeilgiftfrösche und auch keine tödlich giftigen Spinnen oder Schlangen. Trotzdem solltest du die heimischen Tiere kennen, die beißen, stechen oder gefährliche Krankheiten übertragen können.

Kleine Blutsauger und andere stechende Insekten

Wespen, Bienen, Hummeln und Hornissen stechen, wenn sie sich bedroht fühlen oder ihr Nest verteidigen wollen. Wespen bauen ihre Papiernester gern in dichte Hecken oder in verlassene Mäusebauten. Besonders gefährlich ist es, wenn du in den Mund gestochen wirst, weil du dann ersticken kannst. Darum schaue vor jedem Biss und jedem Schluck genau hin, ob da nicht eine Wespe sitzt! Wenn du gestochen wurdest, entferne den Stachel. Kühle die Stichstelle mit dem Saft ausgepresster Spitzwegerichblätter oder Wasser. Notfalls suchst du dir ärztliche Hilfe.

Stechmücken können dir den Abend an einem Gewässer ziemlich vermiesen, denn sie saugen dein Blut und hinterlassen juckende Stiche, die sich sogar entzünden können. Hörst du ihr hohes, schrilles Summen, so solltest du alle Körperstellen mit deiner Kleidung bedecken. Unbedeckte Körperstellen kannst du mit mückenvertreibenden Mitteln einreiben.

Extra-Tipp

Wurdest du gestochen, dann tupfe Spucke auf die Stelle.

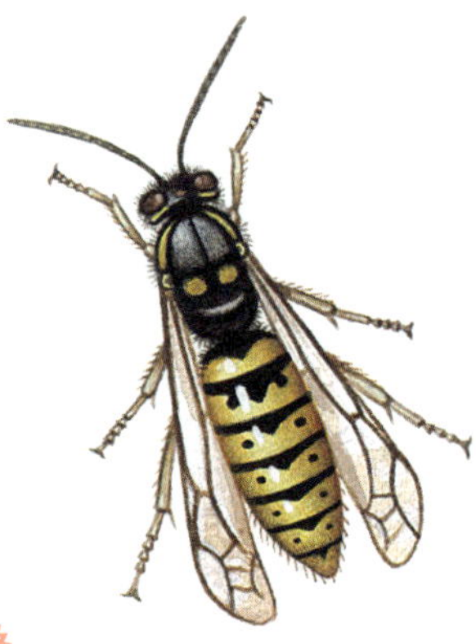

Wespe

Biene

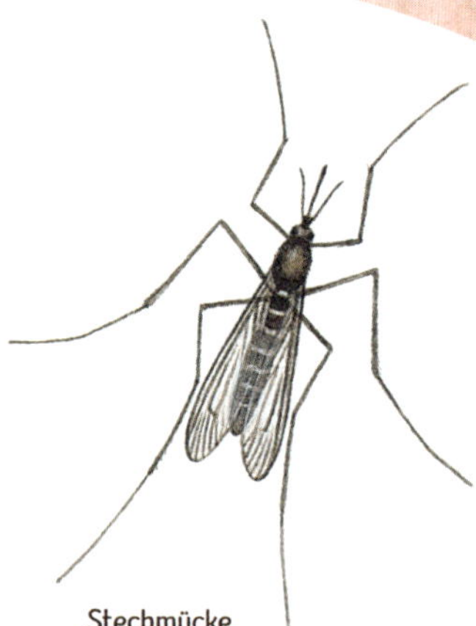

Stechmücke

Zecken können wirklich gefährliche Krankheiten übertragen. Sie lauern von Frühjahr bis zum Winteranfang im niedrigen Pflanzenbewuchs der Wiesen und Wälder auf ein warmblütiges Lebewesen und lassen sich beim Vorbeistreifen mitnehmen. Auf der Suche nach einer besonders weichen Körperstelle, laufen sie noch eine Weile auf deinem Körper herum.

Hast du eine Zecke entdeckt, entferne sie umgehend und möglichst schonend aus deiner Haut. Am besten geht das mit einer Zeckenkarte. Dann musst du sie töten, indem du sie zwischen deinen Fingernägeln zerquetschst – das ist wichtig, denn Zecken sind unglaublich zäh!

Wichtig!

Markiere die Hautstelle um den Biss und beobachte sie mehrere Wochen: Wird sie rot oder wirst du krank, suche dir sofort ärztliche Hilfe und weise in der Praxis auf den Zeckenbiss hin!

Auch **Flöhe** saugen Blut und können Krankheiten übertragen. Weil du sie von fremden Katzen, Hunden, Igeln und anderen Säugetieren bekommen kannst, streichele draußen niemals Tiere – auch wenn sie noch so süß aussehen. Zutrauliche Wildtiere bergen auch eine weitere Gefahr: Sie können von Tollwut befallen sein und dich mit dieser tödlichen Krankheit anstecken!

In einigen Eichenwäldern breiten sich bei uns derzeit die **Eichenprozessionsspinner** aus. Die haarigen Raupen dieser Schmetterlinge leben zu Tausenden in dichten, kugeligen Gespinsten. Halte dich von diesen Raupen und den Bäumen, auf denen sie leben, fern. Die feinen Brennhaare lösen sich nämlich leicht vom Raupenkörper und können auf deiner Haut und in deinen Atmungsorganen zu heftigen Entzündungen führen.

Schlangen und Lurche

Giftige Schlangen

Es gibt rund 3.000 verschiedene Schlangenarten, von denen etwa 600 giftig sind. Die meisten leben in warmen, winterlosen Lebensräumen. Bei uns kommen nur sechs Schlangenarten vor, zwei von ihnen sind giftig: die **Kreuzotter** und die **Aspisviper**. Beide haben ein auffällig dunkles Zickzackmuster auf ihrem Rücken. Die Kreuzotter besiedelt feuchtere Gegenden wie Sumpflandschaften oder feucht-warme Wälder, die Aspisviper nur ein kleines Gebiet im südlichen Schwarzwald.

Bei uns musst du dir wenig Sorgen machen, einer dieser beiden Giftschlangen zu begegnen. Wie alle Schlangen nehmen sie feinste Bodenerschütterungen wahr und fliehen, sobald sie dich kommen hören. Überraschst du trotzdem einmal eine Giftschlange, so bleib ganz ruhig und entferne dich langsam im Rückwärtsgang.

Nach einem Schlangenbiss

Sollte dich wirklich eine Schlange gebissen haben, bleib ganz ruhig. Setze dich in den Schatten und bewege dich so wenig wie möglich. Lauf nicht herum und strenge dich nicht an, damit sich das Gift so wenig wie möglich im Körper verteilt.

Das betroffene Körperteil solltest du ruhig stellen: Dazu fixierst du Arm oder Bein mit einem geraden Stock und wickelst eine elastische Binde von der Bissstelle zum Herzen hin.

Ruf den Notruf 112, damit ein Krankenwagen dich abholt, oder lass dich in eine Arztpraxis oder ins Krankenhaus tragen.

Wichtig!

Wenn du von einer der beiden heimischen Giftschlangen gebissen wurdest, so tut das zwar weh, ist aber nicht lebensgefährlich!

Die völlig harmlose **Blindschleiche** musst du kennen, denn ihr begegnest du draußen am allerhäufigsten. Sie ist eine beinlose Echse und mit der Zauneidechse verwandt, sie kann weder beißen noch gefährlich werden. Wenn du eine entdeckt hast, begegne ihr mit Achtung und bestaune ihren silbrig glänzenden Körper. Sonnt sie sich an einer gefährlichen Stelle, etwa mitten auf dem Weg, so setze sie behutsam an den Straßenrand.

Auch die **Ringelnatter**, die du an den gelben halbmondförmigen Flecken im Nacken erkennst, ist völlig harmlos. Sie lebt am Ufer von Gewässern und kann auch schwimmen. Darum sei unbesorgt, wenn du beim Baden eine Schlange im Wasser siehst: Sie tut dir nichts und hat vermutlich mehr Angst vor dir als du vor ihr! Schließlich bist du ja viel größer als sie.

Kröten und Feuersalamander sind Lurche (Amphibien). Sie sorgen mit ihrer giftigen Haut dafür, dass sie nicht aufgefressen werden. Weil dieses Gift in offenen Hautstellen, im Mund und in den Augen brennt, solltest du diese Tiere nicht anfassen. Hast du sie dennochberührt, reibe dir nicht deine Augen und wasche dir die Hände.

Fremde Hunde, ausgebüxte Pferde

Fremde Hunde

Tatsächlich gehören fremde Hunde zu den Tieren, die bei uns für dich am gefährlichsten sind. Hunde sind Rudeltiere, die klare Führung brauchen – meist durch einen erwachsenen Menschen. Kinder hingegen sind klein und werden kaum als Chef respektiert. Weil du nicht einschätzen kannst, wie sich fremde Hunde verhalten, bleib ihnen fern. Schau einem fremden Hund auch niemals in die Augen - das könnte er als Angriff missverstehen. Lerne die Hundesprache kennen - so kannst du verstehen, was ein Hund mit seinem Gesichtsausdruck und seiner Körperhaltung ausdrückt.

Wenn dir ein **fremder Hund** begegnet,

- ✗ habe Respekt, aber keine Angst vor ihm! Mach dich ganz groß, stell dich breitbeinig hin und sag dem Hund mit fester Stimme, dass du der Chef bist. Dann spürt der Hund deine Stärke. Du kannst ihm auch mit einem scharfen „GEH" befehlen, sich zu entfernen.
- ✗ streichle ihn auf keinen Fall.
- ✗ lauf nicht weg, sondern bleib ruhig und aufrecht stehen.

Hunde stammen vom Wolf ab. Menschen haben viele verschiedene Hunderassen für unterschiedliche Aufgaben gezüchtet: Hütehunde können gut Schafe hüten, Jagdhunde Beute ausfindig machen und Begleithunde begleiten blinde Menschen im Alltag.

Große und kleine Pferde

Pferde sind recht schreckhafte Tiere. Sie erschrecken nicht nur bei plötzlichem Lärm und raschen Bewegungen, sondern auch, wenn du plötzlich hinter ihnen auftauchst. Als Fluchttiere ist ihre erste Reaktion, sofort und mit höchstem Tempo davonzugaloppieren. Können sie das nicht, schlagen sie gern mit den Hufen nach hinten aus oder beißen. Du solltest dich einem Pferd stets von schräg vorne nähern – dann kann es dich gut sehen. Sprich dazu mit dem Pferd in tiefer, ruhiger Stimme. Lass das Pferd erst an deiner Hand schnuppern, bevor du es streichelst.

Durchgegangene Pferde sind sehr gefährlich, denn sie reißen alles nieder, was ihnen im Weg steht – auch dich. Mit ihren schweren Hufeisen können sie dir beim Ausschlagen sehr wehtun.

Wilde Wildtiere

Gefährliche Muttertiere

Wenn Tiermütter Junge haben, sind sie besonders aufmerksam. Dann achten sie ständig darauf, dass niemand ihren Jungen zu nahe kommt und ihnen etwas zuleide tut. Das kannst du sicherlich gut nachvollziehen. Halte dich darum immer von Jungtieren fern, auch dann, wenn du die Mutter nicht siehst.

Angreifende Vögel

Während der Brutzeit vom Frühjahr bis zum Sommer verteidigen auch Krähen und Greifvögel den Bereich um ihr Nest mit allen Mitteln. Gerätst du in die Nähe ihres Nestes, so können dich Rabenkrähen oder Mäusebussarde dort auch angreifen. Weil diese Vögel Flügelspannweiten von über 1 m und scharfe Krallen haben, ist das ziemlich beängstigend. Schütze deinen Kopf und dein Gesicht mit deinen Armen oder einer Jacke und entferne dich schleunigst aus dem Brut- und Nestbereich!

Wenn sich Schwäne in ihrem Brutrevier auf dem Gewässer bedroht fühlen, schwimmen sie mit hochgereckten Flügeln direkt auf dich zu. Entfernst du dich nicht, können sie dich schmerzhaft beißen – gern auch ins Gesicht.

Rabenkrähe

Mäusebussard

Wildschweine mit Jungen

Noch gefährlicher sind Wildschweine mit Jungen, den putzigen Frischlingen. Oftmals werden die Frischlinge verschiedener Mütter wie in einem Kindergarten von einer jüngeren Bache (weibliches Wildschwein) betreut, während die Mütter abseits fressen. Stehst du dann zufällig zwischen den Jungen und der Mutter, musst du mit einem heftigen Angriff rechnen. Suche dann sofort Schutz hinter oder auf einem Baum und brülle so laut du kannst. Oder du hältst einen dicken Ast über deinen Kopf, sodass das Wildschwein dich für viel größer hält als du tatsächlich bist – wenn du dann laut schreist, kannst du mit Glück die Tiere vertreiben.

Auch während der Paarungszeit sind Wildschweine sehr angriffslustig. Daher solltest du um Wildschweine immer einen großen Bogen machen!

Wölfe und Bären

Wölfe sind bei uns vor allem in Nord- und Ostdeutschland wieder heimisch. Braunbären kommen dagegen so gut wie gar nicht vor. Nur sehr selten streift ein einzelnes Tier durch die süddeutschen Alpenregion. Dennoch musst du dir bei uns keine Sorgen machen, denn du wirst diesen scheuen Tieren kaum begegnen. Zudem nehmen dich Wölfe und Braunbären viel früher wahr als du sie und fliehen vor dir.

Während Wölfe so scheu sind, dass sie vor uns Menschen fliehen und uns nichts zuleide tun, verteidigen sich Braunbären, wenn sie sich angegriffen fühlen. Siehst du einen Braunbär, so renne nicht davon, sondern gehe langsam dorthin zurück, wo du hergekommen bist.

Wichtig!

Richtet sich ein Bär auf, so verschafft er sich einen besseren Überblick über seine Umgebung. Das ist keine Drohgebärde.

Gefährliche Pflanzen

Auch von den Bäumen, Sträuchern und Blumen können Gefahren ausgehen, die du kennen solltest. Dazu gehören beispielsweise **giftige Pflanzen und Pilze**. Viele Wildfrüchte sind giftig, damit sie nicht oder nur von bestimmten Tieren gefressen werden, denen die enthaltenen Giftstoffe nichts ausmachen. So können Rotkehlchen unbedenklich die rot-orangen Früchte des Pfaffenhütchens fressen, die für uns ziemlich giftig sind. Etliche giftige Wildfrüchte findest du auf Seite 42/43. Auch unter den Pilzen gibt es zahlreiche sehr giftige, sogar tödlich giftige Arten wie die Knollenblätterpilze. Besonders tückisch ist, dass zahlreiche Giftpilze den essbaren Pilzen ziemlich ähnlich sehen.

Pfaffenhütchen

Wichtig!

Zahlreiche Wildfruchtsträucher besitzen Stacheln oder Dornen, an denen du dich verletzen kannst! Besonders gefährdet sind deine empfindlichen Augen. Schau also genau hin, wenn du dich durch dichtes Gebüsch bewegst.

Da du die Giftwirkung der giftigen Pilze und Wildfrüchte erst spürst, wenn du sie gegessen hast, solltest du dich gut schützen: Iss nur Früchte, die du auch wirklich kennst. Und wenn du keine Wildfrüchte kennst, dann lässt du diese eben den Tieren und isst dein mitgebrachtes Essen. Und das Sammeln von Pilzen überlässt du den Fachleuten!

Es gibt allerdings auch Pflanzen, deren Gifte auch schon beim Berühren durch deine Haut in deinen Körper eindringen können. Die Eibe gehört zu diesen Pflanzen, ebenso der Eisenhut. Diese giftigsten Pflanzen Europas solltest du auf keinen Fall anfassen. Da giftige Substanzen an deinen Händen hängen bleiben können, wenn du giftige Pflanzen angefasst hast, solltest du vor jedem Essen deine Hände waschen!

Eisenhut

Eibe

Um den bis zu 3 m hohen **Riesenbärenklau** mit seinen riesigen Blättern und Blütenständen, der an manchen Straßen- und Wegrändern steht, solltest du einen großen Bogen machen: Die ganze Pflanze enthält Gifte, die beim Berühren oder sogar bloßen Vorbeistreifen auf deine Haut gelangen. Zusammen mit dem Tageslicht führen sie zu schweren Verbrennungen, die sehr schmerzhaft sind. Auch zahlreiche andere Doldenblütler, wie Wiesen-Kerbel oder Engelwurz, enthalten geringere Mengen dieser fototoxischen Substanzen.

Wenn du dich an diesen Pflanzen verbrannt hast, solltest du die betroffene Stelle mit einem T-Shirt oder einer Jacke abdecken. Es darf kein Tageslicht daran gelangen.

Riesenbärenklau

Brennnessel

Dass das Berühren von **Brennnesseln** schmerzhaft ist, weißt du sicherlich: Die ganze Pflanze ist mit feinen Brennhaaren bestückt, die bei der kleinsten Berührung abbrechen und dann wie Injektionsnadeln deine Haut durchdringen. Dabei gelangt das in den Brennhaaren gespeicherte Gift in deinen Körper und führt zu den roten, schmerzenden Quaddeln. Den Schmerz kannst du lindern, wenn du die betroffenen Stellen mit Wasser oder Spucke kühlst.

Schon gewusst?

Wind- und Schneebruch

Nach schneereichen Wintern, heftigen Stürmen oder starken Gewittern musst du unter Bäumen damit rechnen, dass Äste oder Zweige herabstürzen können. Wirf deshalb stets einen Blick in die Baumkronen, bevor du dich darunter zum Essen oder Ruhen niederlässt.

Erste Hilfe und Heilmittel der Natur

Was musst du bei Verletzungen tun?

Zuallererst gilt: ganz ruhig bleiben, ein- und ausatmen – das ist das Wichtigste. Dann lutschst du ein Bachblüten-Notfallbonbon, das dir einen klaren Kopf schenkt. Auch die verletzte Person bekommt ein Notfallbonbon. Dann musst du entscheiden, ob es eine kleine Verletzung ist, die ihr selbst durch ein Pflaster versorgen könnt, oder ob ihr Hilfe braucht.

Wichtig!

Hol im Notfall schnellstens Hilfe und wähle die Notfallnummer 112! (Mehr dazu liest du auf Seite 72.)

Einer verletzten Person, die ja große Angst hat, tut es gut, wenn du ihre Hand hältst und mit ihr sprichst. Wenn sie nicht antworten mag, so erzähle ihr, dass du Hilfe gerufen hast, dass die Hilfe gleich kommt und alles gut wird. Das beruhigt und mobilisiert die eigenen Überlebenskräfte. Eine verletzte Person darfst du nie allein lassen.

Die Wiesen-Apotheke

Auf den Wiesen und am Wegesrand wachsen etliche Heilpflanzen, mit deren frischen Blättern du kleine Verletzungen sofort behandeln kannst. Dazu nimmst du einfach ganz saubere Pflanzenblätter und zerreibst sie zwischen deinen Fingern, bis der heilende Pflanzensaft austritt.

Die Blätter von Breit- und Spitzwegerich, Gänseblümchen und Pfefferminze helfen bei Schmerzen, Juckreiz oder Entzündungen, etwa wenn du Brennnesseln berührt hast. Die Blätter vom Sauerampfer und Wildrosen kühlen, Huflattichblätter helfen bei Verbrennungen.

Wenn deine Füße vom vielen Laufen langsam müde werden, dann kannst du dir ein großes Blatt vom Breitwegerich suchen: Leg es mit der glatten Oberfläche auf die betroffene Stelle am nackten Fuß, Socken drüber, Schuhe an – und weiter geht's. Die Blätter tun deinen heißgelaufenen Füßen gut und verhindern Blasen.

Spitzwegerich

Breitwegerich

Erste Hilfe

Wenn du dich in der freien Natur verletzt hast, ist meist keine ärztliche Hilfe in der Nähe. Darum solltest du wissen, was dann zu tun ist.

Hast du dich verbrannt, dann kühle die betroffene Stelle mindestens 3 Minuten lang, bei schweren Verbrennungen sogar 15–20 Minuten im kalten, sauberen Wasser. Verbinde die Brandwunde dann mit einer sterilen Binde und suche einen Arzt oder eine Ärztin auf.

Schnittwunden und andere blutende Hautverletzungen lässt du kurz bluten, damit die Bakterien aus der Wunde gespült werden. Dann behandelst du die Wunde sofort mit einer desinfizierenden Hautlösung, damit sie sich nicht entzündet und eitert. Um die Blutung zu stillen und zu verhindern, dass kein Schmutz in die Wunde gelangt, klebst du ein Pflaster darauf.

Wenn du stärker blutest, solltest du das betroffen Körperglied zunächst höher als das Herz halten – dann hört die Blutung schneller auf.

Hast du dir einen Splitter in die Haut gestoßen, so entferne ihn mit einer Pinzette. Sprühe dann ein wenig Desinfektionsmittel auf die Wunde und klebe ein Pflaster darauf – fertig.

FINNs TIPP!

Erste-Hilfe-Set

Das solltest du bei jedem Ausflug dabei haben: Pflaster in verschiedenen Größen, Desinfektionsmittel für die Haut, sterile Mullbinden, elastische Binden, Sicherheitsnadeln oder Pflasterrolle (Tape), Verbandschere, Pinzette, Bachblüten-Notfallbonbons, Dreiecktuch, Rettungsdecke, Wundnahtstreifen, Schmerzmittel. Packe das Erste-Hilfe-Set so ein, dass du es im Notfall sofort zur Hand hast.

Natürlicher Sonnenschutz

Damit du keinen Sonnenbrand bekommst, der wie eine leichte bis schwere Verbrennung ist und höllisch wehtut, musst du deine Haut vor der Sonne schützen. Dazu kannst du langärmelige Kleidung tragen oder – wenn dir das zu heiß ist, deine Haut mit Sonnencreme einreiben. Deinen Kopf schützt du mit einem Sonnenhut oder einer Kappe. Hast du keine Sonnencreme dabei, dann reibe deine Haut mit feinem Schlamm ein. So gelangen die Sonnenstrahlen nicht auf deine Haut. Hast du dir dennoch einen Sonnenbrand geholt, versorge ihn wie eine Brandwunde!

moses. Verlag GmbH
Arnoldstraße 13d
47906 Kempen
Fon 0 21 52 - 20 98 50
Fax 0 21 52 - 20 98 60
Mail info@moses-verlag.de
www.moses-verlag.de

ISBN 978-3-96455-328-7

Text: Bärbel Oftring

Illustrationen: Arno Kolb, Axel Nicolai, Thomas Müller, Kirsten Schlag, Angelika Neiser, Johann Brandstetter

Fotos: Peter Leenders, fotolia , adobestock.com: S. 93 (© Ruud Morijn)

Layout, Typographie & Satz: Melanie Dahmen

Lektorat: Linda Hermann, Sarah Majehrke

Redaktion: Daniela Schönkes-Pasch, Ina Lutterbüse

Herstellung: Nicole Bienia

Printed in Poland.

FSC
www.fsc.org
MIX
Papier | Fördert gute Waldnutzung
FSC® C018236

CERTIFIED
cradle to cradle
BRONZE

Inhaltsseiten gedruckt auf MAESTRO® PRINT Papier Cradle to Cradle Certified® in der Stufe Bronze. Cradle to Cradle Certified® ist ein eingetragenes Markenzeichen des Cradle to Cradle Products Innovation Institute.

Klimaneutral
Druckprodukt
ClimatePartner.com/14161-2001-1001